和乐育人，育和乐人

『学思行』和乐教育模式的实践与研究

饶菊芳　主编

西安出版社

图书在版编目（CIP）数据

和乐育人，育和乐人："学思行"和乐教育模式的
实践与研究 / 饶菊芳主编. — 西安：西安出版社，
2023.8

ISBN 978-7-5541-7042-7

Ⅰ.①和… Ⅱ.①饶… Ⅲ.①教育工作 Ⅳ.①G4

中国国家版本馆CIP数据核字（2023）第161410号

和乐育人，育和乐人："学思行"和乐教育模式的实践与研究
HELE YUREN YU HELE REN XUESIXING HELE JIAOYU MOSHI DE SHIJIAN YU YANJIU

出版发行：西安出版社
社　　址：西安市曲江新区雁南五路 1868 号影视演艺大厦 11 层
电　　话：（029）85264440
邮政编码：710061
印　　刷：北京政采印刷服务有限公司
开　　本：787mm×1092mm　1 / 16
印　　张：13.5
字　　数：200千字
版　　次：2023 年 8 月第 1 版
印　　次：2023 年 9 月第 1 次
书　　号：ISBN 978-7-5541-7042-7
定　　价：58.00 元

编委会

我的"和乐教育"思想

2017年10月，会同县委、县人民政府为进一步加大城区学校科学规划和合理布局的调整力度，消除义务教育大班额，大力推进义务教育均衡、优质发展，总投资1.45亿元，占地73.5亩的城北学校在城北新区（水岸绿城住宅小区北侧）动工修建。学校总建筑面积21600平方米，包括48个教学班，于2018年秋季正式招生。一、二、三完小的六年级、五年级、四年级师生被整体打包至城北学校。

一、思想火花碰撞

2018年5月，我在岩头小学担任校长，被抽调来城北学校筹备小组当负责人，一人负责两所学校。当时学校还未建成，每天行走在学校，我不断思考：要办一所什么样的学校？培养怎样的学生？回到家，我脑海中出现了一个孔子雕像。我忽然想起了李镇西说的话："办一所不刻意追求特色、也不着力打造品牌的学校，比学校特色更重要的是孩子的快乐与成长，比学校品牌更珍贵的是教师的尊严与幸福！"受此启发，我的想法逐渐清晰，有了自己的教育梦想——办"和乐教育"，即"建一所现代化、规范化、人性化的学校。在这里，孩子们想到上学就感到开心，想到老师就感到亲切，想到课堂就觉得轻松，想到校长就露出微笑；在这里，大家目标一致，方法各异，相互包容，相互帮助；在这里，孩子们充分享受童年的天真与快乐，老师们充分享受职业的尊严与幸福，家长们充分享受陪伴的成功与满足……和而不同，各得其乐"！

二、和乐教育内涵

"和"是孔子教育思想的精髓。"和"，和谐，即自然而然，顺应儿童天性，通过和势（遵循人与物的发展规律）、和情（尊重人的个性心理及情感）达到民主管理与依法治校的和谐统一，学校、社会、家庭的和谐统一，教与学的和谐统一，师生关系的和谐统一，教师、学生各方面素质协调发展的和谐统一。"和"亦"合"，合作，抱团成长，学生、教师、家长"三位一体"，明白没有完美的个人，只有完美的团队。学校实行班级小组评比制，年级班级评比制，全校年级评比制，对外城北一家人；"合"亦融合，打造和融课堂，即课堂情景交融、行思相融、学科和融。各学科之间没有边界，相互渗透，互助互用，促进学生全面、个性地成长。"合"又为汇合，会同一切力量办好教育。一方面，会同人力资源，形成合力。利用家长资源，成立和乐家长义工团，全面引进家长义工参与学校管理，家长进课堂、家长在厨房……开发家长课程，促进家校沟通，形成家校联手育人的合力，探索"学校、社会、家庭"三位一体的育人新途径。另一方面，会同物力资源，广度教学。在引导学生吸收中华经典文化的基础上，带领学生挖掘地方特色资源，搜集地方非遗文化资源，形成非遗文化课程。

博学之，审问之，慎思之，明辨之，笃行之。

——孔子

意思是说：广泛地学习，详尽地探究，慎重地思考，清楚地辨别，忠实地执行。

　　"乐"是学习的最高境界,是我追求的教育梦想!"乐学"最早是孔子提出的:"知之者不如好之者,好之者不如乐之者。""乐(lè)"即乐学、乐思、乐行、乐探、乐教。学校利用周三的下午开设"和乐课程",现已开发出50多门学生喜欢的课程。在公元前6世纪,我国伟大的教育家孔子在丰富的教学实践基础上,把学习过程(教学过程)概括为"学—思—行"相统一的过程。借此,探究形成我们的和融课堂教学模式——"学思行和融课堂模式"。"乐教"即打造一支"和意润生·乐育善教"的教师队伍。"乐"又为"音乐"的"乐(yuè)",和谐成调的声音,乐音、乐器将成为我校别具一格的特色,尊重学生天性,各扬其长,随形成"器",让每一个学生、每一位教师都会一种乐器,师生共同演奏出不同音韵、个性张扬的和谐交响曲,让全校师生音乐生活化、生活音乐化,使美好的音乐充满生活,人生也将如美好的音乐。

　　《国语》有云"乐从和,和从平",只有遵循学生生长发育的规律,才能让他们绽放最绚丽的人生;庄子曰"与人和者,谓之人乐",与大自然保持和谐,会得到"天乐",用平常心办好人民满意的教育,会得到"人乐"。城北学校将秉持"和谐包容·和乐进取"的创校精神,以"和润有

责·乐美有为"为校训，注重责任担当。实施"和乐"教育，倡导"和融协进·乐探求真"的校风，打造一支"和意润生·乐育善教"的教师队伍，培养"和正亲师·乐学雅行"的"1+X"（即学生人人会一种乐器，并根据自身爱好选择一项特长）以艺术见长的全面发展的乐学学子。展示是我们的习惯，阅读是我们的生活。"和乐育人，育和乐人"，让"和乐教育"贯穿始终，和谐管理乐满校园，努力打造成"一个适合师生共同成长的和谐乐园"，最终实现"和而不同·各得其乐"！

饶菊芳

2018年8月

目 录

第一章

"学思行"
和乐文化体系

和乐理念下的"和"与"乐"

我们崇尚的是"和"与"乐"，并将这两个字深度融合，才形成了城北学校的和乐教育。

"和"——中国文化崇尚"和"，有关"和"的思想丰富多彩，源远流长。"和"既被视为孕育万物的本原，也被看作修德养性的关键，还被认为是社会交往的准绳，更被尊奉为国家共处的原则，"和"的重要性体现在方方面面。没有"和"的润泽，就没有中华民族强大的凝聚力；没有"和"的润泽，就没有中华民族的生生不息。因此，和乐教育首选"和"。

"和"初义是声音相应和谐，《说文解字》中对"和"的解释：和，相应也。"和"字最早见于甲骨文和金文，是一个口吹排箫的会意字，本义指音乐和谐，后被引申为"和谐""和睦"之意。再到后来逐渐演变成中和思想。"和"体现在个人、家庭、社会、国家乃至世间万物中。儒家学派创始人孔子以和作为人文精神的核心，其弟子有子曰："礼之用，和为贵。"（《论语·学而》）这代表了孔子的思想，他认为治国处事、礼仪制度，要以和为价值标准。在处理人与人之间的关系时，孔子强调："君子和而不同，小人同而不和。"我们和乐教育中的"和"，第一层义取的就是和谐之义，师生和谐发展，师生、学生、家校相处和谐，教育与社会发展和谐等。第二层义，和睦。世间万物，皆因和睦而美丽，因和睦而温馨。"以和为贵"深深植根于中国人的传统观念之中，在中国古代百家思想中，所蕴含的相同的理念都有"和"的思想。比如孟子所说"天时不如地利，地利不如人和。"（《孟子·公孙丑下》），更是把"人和"看得高于一切。第三层义，"和"亦"合"，"和合"这一理念自古便有，《国语·郑语》中曰："商契能和合五教，以保于百姓者也。"所谓"和合五教"，就是调和"义、慈、友、恭、孝"五种礼仪教化，使"父、母、兄、弟、子"之间的关系和谐而成为统一体，这是达到"保于百姓"这一目的的具体手段。"和"与"合"从动与静、过程与结果等不同角度，揭示了天地万物存在的本质和机理。因此，在"和乐教育"中，"和"又指"合"中的"合作""团队建设"，和乐教育重在打造专业教师团队、卓越家长团队，倡导生生合作、师生合作、家校合力、青蓝红工程等。

另外，"和乐教育"又提出创造性转化和创新性发展"和而不同"的文化理念，对于新时代培育"和而不同，各得其乐"的教育观具有重要的启发意义。我们应以"和而不同"的态度对待不同学生及其家庭，尊重学生的个性，从学生的视角出发做教育，充分调动现有积极因素，创造性转化、创新性发展自己独有的和乐文化，以和乐教育的核心理念为引领，推动学校高质量发展。

"乐"——初指有关音乐的学问，后带有学科的意味，是乐在其中的一种学习境界。学习有三种不同的境界：知道——喜欢——乐在其中。

"和乐"中的乐（yuè），第一层指它的初始义，原始时期还没有"音乐"这个词，乐在当时还不是纯音乐，它是指包括诗歌、音乐、舞蹈在内的综合艺术。而和乐中的"乐"，广义上指我们学校所提出的"无艺体不和乐"中的"艺"。都说"礼以修身，乐以化心"。我们所崇尚的"乐"也是一个民族的文明发展到一定阶段的产物。中国古人将今人所说的"音乐"，拆分为由低到高的三个层次，分别称之为声、音、乐。其中"乐"是最高层次，具有道德教化的功能，正所谓"德音之谓乐"。儒家修身的内容涉及日常生活的各个方面，其大要则包括内与外两个方面。所谓内，是懂得用思想纯正、风格典雅、中正平和，具有道德教化作用的雅乐陶冶心性、养心怡情。所谓外，是懂得用礼约束自己的行为，消除戾气，拒绝粗俗，懂得遵守社会秩序，尊重他人，与人为善，谈吐典雅，涵养德性，变化气质。在人才培养方面，学校则以"体"来强体魄，以"艺"来养心性。

第二层指快乐，童年是快乐的，是幸福的！让每一个城北学子在人生初始阶段留下最深刻的记忆，营造一个愉快、自信、有尊严的童年环境，尽情成长，快乐体验，为其一生的学习和发展奠定基础；让每一位城北人从"学海无涯苦作舟"的焦虑，到"学海无涯乐作舟"的逍遥，是我们和乐教育不懈的追求。

"乐教育"："乐"，"感到幸福或满意"。在心理学上解释为，当达到一定的目的或者获得成功的体验后产生的一种积极的情绪，它表现为一种状态、一种品质。早在春秋时期，孔子就提出"知之者不如好之者，好之者不如乐之者"的乐教育思想。这就告诉我们，喜欢并善于学习的人，学习效果会很好，但快乐学习的人，学习效果会更好。"快乐教育"作为一种教育思想被英国著名哲学家斯宾塞最早提出，他在《快乐教育》一书中提出："任何生命都会对某些现象表现出特别的兴趣。当他们产生兴趣时，就是教育的最好时机。"大教育家夸美纽斯主张教育要遵循自然规律，遵循儿童发展的规律；陶行知也强调在儿童的乐园里，千万不能因为教育的不当而使孩子受到身心的痛苦；苏霍姆林斯基在《把整个心灵献给孩子》这本书里，把学校称为"快乐学校"，鼓励教师让孩子体会到脑力劳动以及取得成功的快乐。因此，城北学校的和乐教育中的"乐"，在汲取传统教育思想和先进理念的前提下，在经过大量的研究之后，我们认为"乐教育"倡导的是一种文化，是一种充满感召力的精神，是物质、心理、精神的和谐统一。其实质是通过创设适合儿童成长的物质、心理环境，调动儿童学习的积极性，在快乐的氛围中激发儿童求知的欲望和兴趣，从而获得快乐幸福的体验，促使其成长为一个真正快乐的小学生。

"乐管理"：与理念中的"和"相辅相成，它包含以下三个方面的内容。

其一，遵循个性，人文一点。每个人作为独立的个体都有个性，作为一个大家庭、大集体，尊重个性、宽容相待是城北学校的优良美德，并积极倡导"和意润生·乐育善教"的团队文化，以"和"为核心，和谐领导与教师的关系，和谐教师与教师的关系，和谐教师与学生的关系，和谐学校与家庭的关系，把"和正亲师·乐学雅行"渗透在教育工作的每个环节，形成了积极向上的团队文化，让教师和学生张扬个性，感受人文关怀，在"和"的润泽中快乐工作、快乐成长。

其二，薪火相传，互助一点。每一所学校都有自己的风格和文化，我校从校长到教师勤勤恳恳、兢业业、艰苦奋斗、热爱事业，大家团结友爱、刻苦学习，通过青蓝红工程、磨课团队等，让年轻教师与骨干教师通过多种形式的互帮互助活动，加快年轻教师成长，促使骨干教师发挥引领作用。就这样，用好的榜样行为追求优良作风，用优良作风塑造和谐校园，用和谐校园营造心灵乐园。大家薪火相传，坚持不懈，共同实现教育的理想！

其三，家校合力，民主一点。在城北学校的"乐管理"中，家长参与管理是我们坚持不变的特色。家长、学校共同制定议事制度，民主评议领导干部，实施校务公开，强化家长、教师参与管理的意识，请家长、教师对学校发展提出合理化建议，组织建议落实小组，对合理化建议立案并有效落实；通过谈话、电话、短信等方式与教师、家长交流思想，我们感受到"城北人""一家人"的真正含义，让社会、家庭、学校多方发力，也让我们城北学校在"乐管理"的路途中越走越远！

和乐，和谐共生。"和乐"一词中，"和"与"乐"紧密相关，互为衍生，由和致乐，乐方显和。在和乐理念中，"和乐"代表的是协和、美好、礼乐、快乐等的集体共存状态——"和乐教育探真知学思行乐在其中共成长，渠水河畔育桃李创名校百花绽放笑颜开"。

和乐理念下的"学思行"

由学而思而行，这是孔子探索和总结的学习过程，也是教育过程，与人的一般认识基本符合。这一思想对后来的教学理论、教学实践产生深远影响。《中庸》的学习过程就是继承孔子学思行结合的思想并加以发展而来的。

学——学习，是人自主发展和成长的基础，人的成长和发展过程就是不断学习的过程，在学习型社会中，人无时无刻不在学习中，不断地积累知识和经验。"学而知之"，也是求知的唯一手段。学，不仅是学习文字上的间接经验，而且要通过见闻获得直接经验，两种知识都需要。孔子提出"多闻择其善者而从之，多见而识之"，要多听、多看，还要多问，扩大知识的来源和范围，以获得一些直接的经验。

思——思考，反思，是人在发展和成长过程中不断修正自己，对所学知识进行深入分析和思考，对积累的经验不断反思，作出正确的判断和选择。我们提倡每个人都要对自己的行动进行反思，特别要求每个人在行动中进行反思，提高反思效率。古人云，行有不得者，皆反求诸己。这是指导行动的关键。孔子提倡学习知识面要广泛，在学习的基础上认真深入地进行思考，把学习与思考结合起来。"学而不思则罔，思而不学则殆。"学习与思考两者应当结合起来，这符合人的认知规律，初步揭示了学习和思考之间的辩证关系。

行——行动，即思想意识实践和执行，通过行动改变结果，促进人的自主发展。孔子还强调学习知识要"学以致用",学到的知识应当用于社会实践之中。学是手段,行是目的,行比学更重要。《中庸》中讲:"博学之,审问之,慎行之。"

学思行是人自主发展的重要方法和途径,学习积累知识和经验,通过思维进行分析和反思以指导行动,以积极的且方向正确的行动改变人生。学思行为人的自主发展构建了立体化模型。

和乐理念下的文化建设与课程开发

文化，是学校的底蕴；课程，是学校的核心。我校自建校以来以和乐文化来浸润，以多元的和乐课程为推导，尊重学生的个性发展，着眼于全面推进素质教育，全面培养学生的爱好特长。以儿童的视角来做教育，坚持以引导激励为主、多方面渗透熏陶的原则，采取学科、活动、家校等多渠道深度融合，开发了孔子礼仪、墨香校园、经典晨读、文学校刊、节日文化等和乐课程，努力做有深度、有广度、有温度的和乐教育。

一、以文化浸润为先导，建构理念有深度

校园文化是一所学校最宝贵的财富，是学校持续发展的核心动力。一直以来，学校坚持以和乐文化浸润为先导，始终致力于学校各级文化的不断构建，做有深度的教育。

1. 校园建设处处凸显

学校以"和乐教育美人生，艺术特色育英才"为办学理念。走进学校，"和乐育人，育和乐人"几个大字端庄大气。拾级而上，正中矗立着一尊2米多高的汉白玉孔子雕像，以谦逊、睿智、包容的姿态迎接莘莘学子的到来，向师生传播自强不息、修学立德的儒家精神。乐美楼、乐学楼、乐思楼、乐行楼……各教学楼名称既彰显校园理念文化精髓，又极具个性。连学校的凉亭——"和风亭"名字的由来，也是出自古诗"似出栋梁里，如和风雨飞"。这既是对教师和风细雨式教学的要求，又是对学生们成为国之栋梁的

期盼。

2. 三级文化彰显内涵

学校自办学以来，努力打造展现学校底蕴的三级文化，包括"和乐教育"理念文化、"不忘初心、牢记使命"主题教育、"活动月"流动文化等校级文化，以"学生展示"为主的年级文化和各班班级文化，力求构成学校独特的校园和乐文化。

校园和乐文化先导引领。城北学校的和乐文化包括全体师生心中的精神文化和物质文化。精神文化包括："和谐包容·和乐进取"的创校精神，以"和润有责·乐美有为"为校训，倡导"和融协进·乐探求真"的校风，打造一支"和意润生·乐育善教"的教师队伍，培养"和正亲师·乐学雅行"的"1+X"以艺术见长的全面发展的乐学学子，努力打造成"一个适合师生共同成长的和谐乐园"，实现"和而不同·各得其乐"！物质文化有三栋教学主楼之间的汲取了儒家文化精华的连廊文化，"不忘初心、牢记使命"主题教育，宣传栏中"活动月"流动文化等构建出我校和乐文化的先导。

年级和乐文化氛围浓厚。每学期，各年级均有自己的文化主题，以更好地将和乐文化植入师生心中。本期，各年级的主题分别是：一年级，文明礼仪；二年级，走进会同民间艺术；三年级，走进中国书法；四年级，走进中国戏剧；五年级，走进中华传统美食；六年级，走进中华名人。五年来，各年级在年级组长的带领下，不断挖掘助师生共同成长的和乐文化，以浸润师生的文化修养，加强师生的文化积淀。

班级和乐文化各具匠心。学校刚办学不久，在校级、年级文化的引领下，各班班主任联合家长自主打造各班班级文化，现如今，学校各班班级文化呈现百花齐放之势。为了鼓励班主任积极对班级文化的打造，学校每期至少会举办一次"最美教室"评比活动。各班班级文化有主题、有个性，如五年级1806班的清廉和乐之花在绽放，四年级1904班的京剧脸谱绘画……各班班级文化不仅是和乐文化的一场视觉盛宴，还是学生汲取和乐文化的过程展现。

学校多元化和乐文化的打造，让学校充满了古朴优雅之美，让师生沉浸在文化熏陶之中，让整个校园展现出深厚的文化底蕴，让整个教育理念有深度。

二、以课程开发为推导，促进发展有广度

学校的发展离不开课程的开发，和乐文化精华的植入更是如此。自办学起，学校便致力于各级和乐文化课程的开发。

1. 古礼修身之师生礼仪课程

孔子云："不学礼，无以立。"我们作为具有五千年文明史的"礼仪之邦"，更是要将这一传统传承下去，这也是弘扬和乐文化、展示民族精神的重要途径。因此，学校在办学之初就开发了礼仪课程。

2018年9月12日，第一届城北学校全校师生2800余人举行行礼拜师暨城北开学典礼仪式，用古礼打开传统文化进校园之门。创校五年，无论是开学第一课，还是平时在校园相遇，师生都要行敬师礼、同学礼。学校的课间操也凸显中华传统礼仪，课间操的第一项内容便是诵读经典礼仪操，力求礼仪文化深入学生心中。在悠悠古乐中，在雅雅古礼中，全校师生举止文雅，和谐相处。

此外，学校师生共学四礼：天揖礼（见长辈所行之礼）、时揖礼（见平辈所行之礼）、土揖礼（向晚辈回礼）、拱手礼（亲密关系所行之礼）。有礼作揖，成为校园新风尚。

2. 文化浸润之教师培训课程

百年大计，教育为本。教育大计，教师为本。学校一直重视教师的培训工作，探索出"学思行"培训范式。

学——多阅读。阅读是教师成长最好的助推器，学校要求教师专业阅读与拓展阅读相结合以提升专业素养。学校每周教师例会都安排读书分享会，鼓励教师去书中学，不断汲取新知识、新理念，一年来，共有近50名教师做了读书分享。营造书香校园，通过自学、线上线下学、主题研讨学、平台互

助学等形式，建立活到老学到老的思想，培养有思想有深度的人才。

思——常培训。学校通过多元培训，促进教师提升专业发展高度，拓宽专业发展深度。根据教师成长的需求，学校采取"211"培训模式：每期两次新教师培训，每月一次主题培训，每周一次全员培训。"走出去"，鼓励教师参与外出培训；"请进来"，请进专家到校指导，专业引领培养本校专家。2月，在学校报告厅举行了"践行和乐教育，一起努力向未来"2022春季开学培训会，部分优秀班主任、优秀教师代表分享了自己的教学管理经验。5月，"饶菊芳小语名师工作室"启动仪式暨第一次线下研修活动在学校举行，120余专家、教师齐聚一堂，共话教学。6月，邀请湖南师大青少年心理健康专家对中小学心理健康教育教师培训与指导，提升了教师心理健康教育素养。

行——重实践。教师将所获得的理论和教育方法应用到课堂中，在实践中不断练习、探索、反思，从而弥补理论和实践之间的鸿沟，打通教师专业成长的"最后一公里"。2022年10月，为落实新课程理念，全面促进新教师快速成长，学校开展了为期三周的新进教师公开课活动。本次采取了"青蓝红"双师结对帮扶形式，通过近两个月来的听课、指导、打磨，他们个个脱胎换骨，课堂教学焕然一新。同时，学校注重发挥名师工作室的作用，解决学校及兄弟学校的教学难点、痛点。3月，校长率领教学骨干一行10人赴沙溪乡小学联合开展"青蓝话教育、双向促成长"教研联谊活动。学校县骨干教师吴传清、龙嗣琼、黄照明分别上了交流课。5月，"饶菊芳小语名师工作室"送教团队在县教研室主任的带领下，深入王家坪明德学校送教送研；10月，名师工作室教学骨干教师团队在县教研室主任的带领下，深入粟裕希望小学送教送研；12月，名师工作室教学骨干教师团队一行8人赴宝田乡明德学校联合开展"同课异构"教学手拉手活动。在工作室名师的带领下，学校教研成果突出，在2022年会同县第三届青年教师教学竞赛中，我校青年教师梁竣翔、杨成分别获得科学组、体育组第一名。杨明珍获得全县数学教学比武一等奖。

3. 多元活动之学生学习课程

（1）经典塑性——晨诵课程

经典著作是民族精神的源头，人类文化的瑰宝，千古传承，记录着民族基因中高智慧，承载着圣贤伟大的思想光辉。学校每天早上8：00～8：20为全校的晨诵经典时间，每个年级均制定了自己的晨诵内容，一、二年级提前一天确定晨诵内容，三、四、五年级提前两天确定晨诵内容，由班干部或者教师组织晨诵。通过日日诵读经典，浸润人生、启迪思想、塑造人格、传承瑰宝。

利用春节、元宵节、清明节、端午节等传统节日，在学生中开展传统文化教育活动和道德体验活动，凸显教育的实践性和生活化特征，让学生认知传统，弘扬传统，增进其爱祖国、爱家乡、爱他人的情感；利用"三八"妇女节、母亲节、父亲节等节日，开展"感恩父母，践行孝心"的实践活动；以劳动节、教师节、重阳节为契机，组织开展"感恩老师""感恩社会""关爱长辈"的教育活动。一系列活动的开展，让学生学会感恩师长、孝敬父母，在实践中学会行孝感恩、尊重他人，从而培养学生树立正确的世界观、人生观、价值观。

为了进一步落实传统文化进校园活动，学校已组织学生参加怀化市经典诵读大赛三次，分别获得省优胜奖一次，市一等奖一次、二等奖两次。在活动中，学生们感受了经典诵读的魅力，陶冶了自己的品德和情操，提升了他们的自信，培养了他们的爱国情操。经典诵读就是这样"随风潜入夜，润物细无声"。

（2）墨香养情——书法课程

书法内容与晨诵经典紧密联系，一、二年级可提前一天确定写字内容，三、四、五年级提前两天布置晨诵经典和书法内容，晨诵经典由教导室组织检查，书法写字时间由值周行政安排综合组进行检查。要求做到全校学生人人参与书法练习，营造浓厚的"墨香"氛围，打造具备传统特色文化的"墨香校园"。

每天中午1：30～1：50为书法教学写字时间，每周一节书法课，加强对学生正确写字姿势的指导，注重学生良好写字习惯的培养。一、二年级学生练习写硬笔字的基本笔画。三、四年级学生交替练习硬笔和软笔书法，临摹名家名帖字体结构，体会书法的审美价值，学生可以选择颜体、田英章等名家的一种字体进行练习。五、六年级学生以软笔书法为主，临摹名家名帖书法，进行初步的书法创作练习，体会书法的审美价值。

另外，依托一系列的书法竞赛活动，以及两个书法室的建立，学校还成立了书法工作室，准备将书法教学这一特色发扬光大。

（3）社团促展——和乐课程

学校以"面向全体学生，促进全面发展"为教育理念，在和乐思想的指导下，利用每周三下午社团活动课时间，开设了如下校本课程。

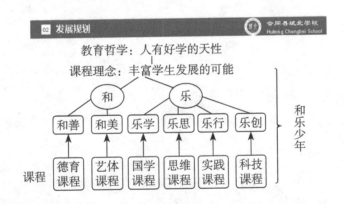

整个课程分"和""乐"两大板块进行构思设计，从"和善""和美""乐学""乐思""乐行""乐创"六个方面展开。其中，"乐学"中的国学课程已作为独立课程进入学校和乐课程，依托国学课程，我们的和乐课堂开设了中国舞、葫芦丝、古筝、笛子、国画、二胡、象棋、太极拳、围棋、国学、布偶、剪纸、刺绣、茶艺、制作蜜饯等传统文化进校园课程。2019年10月，在全县中小学运动会开幕式上，开场舞千人同诵《弟子规》，场面恢宏，通过三十多个方阵展示了学校和乐传统文化进校园取得的成绩。

在艺体课程中，依托标准的足球场，学校开设了足球课，成立了足球社团。现在，学校已经是"全国校园足球特色学校"和"全国校园排球特色学校"。

六项"和乐"校本课程的开发与实践，有效地促进了学校和乐文化特色教育的推进，提升了全校师生传承经典的意识。

"文化浸润，课程开发"是学校继承中华优秀和乐文化的重要途径。几分汗水，几分收获；几多付出，几多收获！学校将效力于弘扬和乐教育，构建更和美、更和融的校园。

和乐理念下的校歌建设

　　会同县城北学校是一所成立仅五个年头的新学校。2018年下半学期，会同县唯一的在职省特级教师饶菊芳，受县委、县政府委托，抱着"倾尽毕生所学，带出一个优秀的团队"的信念，出任会同县城北学校第一任校长。

　　学校创办之初，校长饶菊芳提出了"办和乐教育"，并向全县有识之士发出诚挚的邀请，经大家踊跃报名，局党委研究决定，形成了包括饶菊芳在内的7个行政班子。8月，7个行政班子根据"和乐"这一核心理念，迅速完善了学校的理念文化。其中4位语文老师，即校长饶菊芳、办公室主任张丽、教导主任伍霞、副校长梁海娟，准备一起创作校歌歌词。校歌歌词的诞生是一个艰难的过程，她们付出了很多心血，校歌承载什么、表达什么、昭示什么，都要融入其中。四人虽都是语文老师，但都是"半吊子"，从未进行过歌词创作。她们首先学习如何创作歌词，然后查找会同县志资料，了解学校地理名称。再者，"和乐"理念是校歌的核心理念，如何有机融合又是一个难题。2018年9月12日，历经一个月，校歌歌词初稿完成，歌名定为《和乐成长，逐梦起航》，歌词后被发至教师群，网罗全校教师的智慧，共谱一首歌。音乐教师蒋维维提出：江水央央到底是哪个央？最后通过查证，"央央"指的是"和谐的声音"，更符合学校的理念；语文教师李树梅提出："追逐心中的理想"是否改为"放飞心中的理想"？通过讨论，"放飞心中的理想"更适合小朋友……歌词完成后便是谱曲，学校的音乐教师团队历经一个月之久，终于完成了谱曲。最后，由学校的声乐教师和学生共同歌唱，办公室副主任吴传清进行拍摄，信息部副主任卢桂清进行视频制作，共同完成了MV的制作。

尽管学校年仅5岁，但校歌依然铭记在每个城北人的心中。"渠水河畔，星子坡旁，美丽的校园，艺术的殿堂，城北城北，学习成长的摇篮，我们乐探求真，放飞心中的理想；晨曦暖暖，江水央央，科学的理念，圣人的思想，和乐和乐，桃李芬芳的乐园，我们团结拼搏，撑起未来的希望。让梦想插上翅膀，在这里扬帆起航！"仅一百来字的歌词，简洁明快、寓意深远、朗朗上口，体现了学校的地理文化、办学理念与教育期望。在这短小精悍、脍炙人口的校歌的熏陶、激励中，学校形成了吃得起苦、霸得起蛮的独特的城北精神，也让学校在短短5年里获得了诸多殊荣——学校围绕"和乐品牌"，创建了"学思行"和乐党建模式、德育模式、清廉教育模式、课堂模式、家校合力模式等。特别是家校合力的课程开发，《半月谈》《中国火炬》《今日女报》《怀化日报》《科教新报》、湖南教育电视台、怀化电视台等多家媒体对学校隔代教育进行了专访、报道，学校被评为"全国家庭教育创新实践基地""全国家庭工作先进集体""全国巾帼文明岗"。同时，学校着力德育课程的打造，德育模式论文发表于《教师》杂志，在省教育厅组织的师德汇报工作中，校长饶菊芳做了专题分享。另外，学校还荣获"全国青少年校园足球特色学校""全国校园排球特色学校""全国禁毒优秀组织奖""教育部新时代主题教育读书活动先进集体""湖南省家庭教育创新实践基地""湖南省家庭工作先进集体""湖南省文明校园"、湖南省"红领巾奖章"集体四星章、湖南省主题阅读教育"优秀组织单位"、湖南省中小学信息素养提升实践活动"优秀组织奖"、湖南省"十三五"规划课题"课题实验单位"、湖南省"十三五"教育规划重点资助课题"种子学校"、湖南省英语配音秀大赛"优秀组织奖"、湖南省英语巧记单词"优秀组织奖""湖南省首批绿色学校""湖南省第三批校园毽球试点学校"等。学校还注重城北人的专业成长，学校教师在国家级、省级、市级比赛中获奖上百次，开发了一系列和乐校本课程，科研成果硕果累累：课堂教学模式被评为"全国基础教育课程改革教研成果奖",《建学思行模式,树良好家风评价体系》被评为"湖南省深化新时代教育评价改革省级典型案例",家校课题成果获"第五届湖南省基础教育教学成果奖""湖南省教育科学研究优秀成果二等奖"等。

《和乐成长,逐梦起航》是每一个城北人的精神食粮,也是学校特定的"文化符号",更是学校的时代潮流!每一个城北人以会唱校歌、唱好校歌为荣!每一个一年级新生的第一节音乐课,必须是学会唱校歌,每一个六年级毕业生都是唱着校歌、听着校歌离校,因为他们坚信:一年级新生在城北逐梦起航,六年级毕业生带着学校的祝福,在人生的另一个阶段逐梦起航!最难忘的是2020年秋季全县中小学运动会,那是在比赛的最后一项——10×400m接力赛,我校比兄弟学校总分仅高一分,在最后一位选手交接接力棒时,由于紧张,棒竟然掉在了地上!眼看我校的运动员就要落后于兄弟学校,学校总教练也直叹:"倒霉,倒霉,倒霉透顶!"惊人的一幕出现了:啦啦队的队员们一个一个手搭着肩,筑起了一道墙,随后他们用喊破喉咙的方式唱起了校歌,唱起了"和乐和乐,桃李芬芳的乐园,我们团结拼搏,撑起未来的希望。让梦想插上翅膀,在这里扬帆起航!"运动员听着校歌,顾不上回头,只一个劲儿向前冲,向前冲!冲到最后,胜利了,我校获得了接力赛第一名!团体总分第一名!到终点时,他瘫在了老师怀里,但仍不忘回头看看那"一道城北墙",嘴里喃喃有词,仔细一听,原来他依然哼着校歌……时间已过去一年了,那位运动员的名字大家已忘了,但他那一个冲劲,那一个回头,还有"那一道城墙",记在了每一个城北人心中。

如今,我们是时时唱校歌,年年有比赛:2019年是传统的合唱校歌比赛,2021年是我与校歌的故事演绎比赛,2023年的比赛正在筹划当中,相信会更有特色!每当升旗、大型集会、活动时,我们都是先唱国歌,后唱校歌。由于学校的家校合力工作十分有特色,很多活动都有家长的参与。没想到的是,活动中,我们发现许多家长都会唱校歌。他们声称,孩子经常在家里哼唱,不知不觉就会唱了。因此,在许多活动中,家长都能唱着校歌参与，学校组织的"最美传唱校歌达人"活动也正在如火如荼地筹划中。

"和乐教育探真知学思行乐在其中共成长，渠水河畔育桃李创名校百花绽放笑颜开。"校歌是学校文化的重要组成部分，她承载着学校的开创与成长，铭刻着师生的信念与期冀，是音乐，更是心声，是我们城北学校全体师生与学校一起和乐成长、逐梦起航的见证！

第
二
章

"学思行"

和乐党建模式

党建引领　和乐融融

——会同县城北学校党支部"学思行"党建模式

不忘初心，方得始终。教育人的初心和使命，就是全心全意为学生和家长服务，办好人民满意的教育。会同县城北学校党支部积极依托"学思行"党建模式，充分彰显党组织对学校各项工作的引领作用，充分发挥党员的先锋模范作用，打好"和乐党建"这张牌，促进党建与学校各项工作深度融合，让党建成为学校各项工作的助推器，春风化雨，奋力开启立德树人新征程。

近两年来，在党支部的领航下，学校各项工作硕果颇丰，被评为"全国家庭教育创新实践基地""全国校园排球特色学校""全国青少年校园足球特色学校""湖南省家庭教育创新实践基地""怀化市生态示范学校""怀化市中小学中华优秀传统文化教育特色学校""怀化市家庭教育试点基地""怀化市模范职工之家""怀化市体育传统学校（项目：田径.足球）""怀化市学校食品安全示范食堂"、学校安全管理"理事单位"、县"综治安全先进单位""普法依法工作先进单位""宣传工作先进单位"、2019年中小学大课间活动"示范学校""会同县优秀少先队大队"，并且连续两年被评为县教育局"先进基层党组织"。具体做法如下。

一、以学为先，厚植根基

1. 课程促学

首先是理论课程。学校党支部将"三会一课"、主题党日活动为主要内容的常规党内生活形成课程体系，采取线上线下、集体讨论与自主学习相结合，从"坐着学"到"做着学"，让常态动作"活起来"。党支部进行"全国教育大会精神解读""习近平总书记四有好老师解读""习近平总书记系列重要讲话精神"系列党课课程。其次是师德课程。党支部定期组织教师学习《中华人民共和国义务教育法》《中华人民共和国教师法》《师德修养与教育法规》《教师"十不准"》等；同时，每周例会开展"时政快递"活动，以新闻、教育小电影或小播报、校内师德小故事等围绕师德进行讨论；党支部每期至少进行两次师德专题培训，如2019年8月29日至31日，以"浸润文化以修身，传承经典以养德"为主题开展了师德暑期培训，聘请专家进行讲座。最后是文化课程。11月1日，为弘扬中华民族的经典文化和传统美德，进修学校在我校开展了《师德养成教育》培训项目之诵读经典启动仪式，倡议全体教师好读书、读好书，以文化润学。

2. 示范领学

第一，树立榜样。学校在每周一例会评选出上一周表现突出的"和乐教师"；11月22日，党支部开展"身边最美"不忘初心师德演讲比赛，评选出10位师德标兵。第二，宣传典型。党支部利用微信公众号、美篇等定期推送教师优秀事迹，2020年七一期间，通过美篇宣传县教育系统优秀党员粟文东、梁竞方个人优秀事迹；在2020年下半学期开学时，通过微信连续推送4期优秀班主任、3期先进个人事迹。

3. 多彩乐学

一是丰富学习平台。学校以教研组为单位，利用微信建立和乐成长沙龙，每周利用一到两晚的时间进行在线教育教学研讨；同时，利用好"学习强国"平台，定期进行学习强国积极分子表彰。二是创新学习活动。2019年4

月，党支部携手工会组织全校教师以年级组为单位进行"学习千万条，强国第一条"学习强国知识抢答赛，"传承红色基因"主题党日、队日，《半条棉被》电影党课等活动。三是提升学习效果。学校定期组织和乐教学论坛，由骨干教师为青年教师解疑答惑。

二、以思为力，拧紧发条

1. 突出真抓的实劲

一是重视教学常规工作，严把日常管理关。每月，教研组、教导室都会对全体教师的备课、批改作业情况进行检查并登记。二是重视课堂教学要求，严把课堂教学关。学校开启"双师制"结构模式，启动"以老带新、以新促老，共同提高"的"青蓝红师徒结对"工程，由有经验教师对青年教师的课堂教学、班级管理进行手把手指导；另外，学校采用"一三二"深度三级教研模式，每天至少一次办公室教研，每周三次教研，每学期两次大型教研活动会，教研活动形式多样，有时是教育论坛，有时是示范课、汇报课相融合，有时是同课异构等。三是重视教师日常行为，严把师德师风关。学校每期至少一次对学生、家长进行问卷调查、最喜欢教师不记名投票、设立校长信箱等，了解教师是否有违反师德的行为。

2. 彰显狠抓的韧劲

首先，党员同志以身示范。两年来，学校将党建工作同提升教育教学质量、强化学生德育教育、创新家校教育模式相结合，基层组织力明显提升。党员教师主动上示范课达60人次以上；党员教师带头清理卫生死角、种花种草；党员教师带头定期进行国旗下的讲话，定期对偏离正常轨道的学生进行思想指导，并将德育融入课堂，引领学生思想素质的提升；以党支部为首，定期对家长进行培训；特别是疫情防控期间，党员教师带头捐款5900元……党员教师的引领，使我校教师作风建设有了质的转变，越来越多的教师向党组织靠拢。

一年来，党员教师带头主持的多项课题立项，其中市级1项、省级3项，另有1项拟申报省级课题。同时,我校党支部正携手德育处积极开发形成"红色教育"课程体系。

其次,行政班子吃苦在前。坚持学习,每周一升旗仪式后,班子成员对上级文件精神、教育工作会要求等进行了深入地学习和领会,提高政治意识、大局意识、核心意识、看齐意识;坚持自我剖析,班子成员对自己的工作进行了深刻的剖析,查找自身不足,提高思想认识;坚持深入一线,除了饶菊芳校长无法上主科外,其他成员依然坚持全部担任语、数、科主科教学,12位行政人员就有10位奋战在教学任务重的五、六年级,担任把关老师,每位行政人员的教学效果较好,做到教学工作与行政工作两不误;坚持廉洁自律,学校实行校务公开制度,在基建、经费支出等重大问题的决策上,发扬民主,集体讨论,增加透明度,严格执行财经制度,评优评先晋级制度,如近期的县、校优秀党员的产生,就是通过打分、全体教师投票产生的。在城北学校,优秀是干出来的,而不是争来的、捧来的。

3. 点燃善抓的巧劲

第一,进行自我批评。党支部鼓励教师针对个人言行进行自我反思,利用反思本、成长记录手册定期总结反省。第二,进行相互指正。党支部经常以年级组、党小组为单位组织自我剖析会、组织生活会等,以提高教师的师德、教学等各方面的素养。2020年5月,学校就"停课不停教"网络教学进行了一次长达一个月的大型教育教学反思活动。本次活动分年级、分学科进行,真正做到人人参与,人人发言,人人有分享,人人有反思。活动的开展,进一步强化了全体教师的教育教学意识,促使大家在教学中反思、在反思中改进、在改进中提高。

三、以行为本,汇聚动能

1. 践行团结奋进聚人心

城北学校以同心同德之态,创造了教育的生机与活力。第一,吃得苦。10月,学校与职中承办县中小学运动会,为了向全县人民展示学校的素质教育成果，全体教师出动，烈日下，风雨中，乘车、带饭到体育场，排除万难，齐心协力，开幕式获得了空前好评。第二，霸得蛮。疫情防控期间，全体教师相互学习、相互督促，集体上网课，真正做到"停课不停教"。2019年8月，因进修学校装修，受教育局和教师进修学校的委托，学校承担了教师第二期、第三期培训工作。学校34人次担任客座教师，12人次担任教师培训班班主任，教师们团结一心，圆满完成任务。第三，耐得烦。5月，市教育局到学校验收"中华优秀传统文化进校园示范校"成果，短短一周时间，15个文艺节目精彩上演，48个教室焕然一新，且各具特色。年级文化长廊主题突出，精彩纷呈，得到了市教育局高度赞誉……

2. 践行家校合力创新篇

家校合力办学为教育的最佳状态，党支部为促进家庭教育，付出良多。第一，定期家长会。每期召开一次座谈会，或一次专家培训会，或一次经验交流会，以提高家长的教育意识。第二，家访常态化。接新班，第一学期，全员家访。此外，对有问题学生必须家访。学校的家访率达到每期80%以上。第三，爱心助儿童。2019年12月，学校成立"和乐爱心志愿者协会"，城北的教职工率先垂范，为人师表，奉献爱心，走访并资助贫困儿童20余人次，以实际行动践行着"爱心、责任、敬业"的核心师德。基于学校教师的榜样付出，学校的家长义工延续着走进课堂、校外值勤、妈妈食堂等。家长义工参与学校的疫情防控工作，提出了许多宝贵建议，并主动捐赠防疫物资：1508班龙俊的父亲捐赠口罩1000个，1601班杨航的爸爸向学校捐3000个口罩，岩壁村李书记联系爱心人士向城北学校捐赠口罩2000个，1806班杨毅的舅舅捐赠了200桶消毒液，1405班家长捐赠体温测量仪等。家校合力，5月，学校被评为"全国家庭教育创新实验基地"。

3. 践行和谐发展提品质

首先，成长有主题。德育课程文化体系的打造，有效地浸染了学生的举止。一月，爱生活，尊重生命，尊重别人，友好相处，与人为善；二月，抓常规，学习学校各项规章制度；三月，互助节，学雷锋，结合妇女节关爱家中女性长辈，在学校、社区开展学雷锋活动；四月，阅读节，走进书本，与大师对话。学习英雄故事，为粟裕爷爷扫墓，参观粟裕纪念馆等；五月，感恩节，感恩祖国，感恩家乡，感恩父母，感恩老师，感恩每一个帮助过自己的人；六月，儿童节，了解少年先锋队的知识，寻找幸福，获取幸福感，明了我们身上肩负的责任；七月，热爱党，了解党的历史，党的事业；八月，修身心，身边人因为我而快乐，在乎身边人的感受，反思自己的行为等；九月，体育节，强身健体，学会尊敬师长，选择自己喜欢的体育项目；十月，礼仪节，文明行，包括文明乘车，文明用餐（有序就餐、安静餐厅、光盘行动），文明用语，文明行走（不乱扔垃圾和弯腰行动）等，参与实践活动，小手牵大手，文明到处走，将文明推向社区，乃至整个县城。同时，学习祖国的灿烂文化，了解近代中国的屈辱历史，小学生如何爱祖国等；十一月份，展示节，人人参与展示自己的特长；十二月，科技节，保护学校及周边环境，垃圾分类，爱护公物，节水节电，科技创新。其次，成长有规范。课程文化的引领，让城北学子思想上进步向上，行为上规范有礼。"和正亲师、乐学雅行"的城北学子的习惯正在养成：清晨，县城每个公交站台，城北学生排队候车；早上，学生排队入校，向值周教师行天揖礼；来到教室，认真早读；中午每班排队有序就餐；午饭后全校静校，安静午睡；下午放学，学生或有序排队文明乘车回家，或有序排队步行回家。最后，成长有个性。为了鼓励学生的特长，为1502班朱玉同学成功举办了个人美术画展。

学校党支部让党旗高高飘扬在校园，努力践行教育人的初心，为老百姓提供家门口的优质教育，秉持"和谐包容·和乐进取"的创校精神，以"和润有责·乐美有为"为校训，实施"和乐"教育，倡导"和融协进·乐探求真"的校风，打造一支"和意润生·乐育善教"的教师队伍，培养"和正亲师·乐学雅行"的全面发展的乐学学子。和谐发展、有责担当、乐美人生，在"学思行"党建模式的护航引领之下，和乐教育贯穿始终，乐满校园！

开拓创新，做和乐教育党建品牌

——会同县城北学校党建工作汇报

会同县城北学校从儿童的视角出发，办"和乐教育"。三年来，在县委、县人民政府、县教育局党委的关怀和指导下，学校党支部，求真务实，开拓进取，打造出"学思行"和乐党建模式。

一、共学——三学活动，理论上清醒

与时俱进地更新育人理念，把握好育人的方向，才能站在更高的层面思考教育的方向和本质。学校党支部的"三学活动"，构建覆盖全体师生的政治理论学习体系。

主题教育学习。三年来，学校党支部学习均做到一年一主题。2018年，学校启动了"党风廉政"主题学习，组织全体干部党员认真学习《廉政准则》《中国共产党纪律处分条例》，严格落实党风廉政建设责任制，深入开展"廉政文化进校园"工作，加强党员干部的廉洁从政教育，教职员工的廉洁从教教育。2019年9月启动"不忘初心，牢记使命"主题教育，其形式多样，不仅有个人自主学习、集中研讨学习，也有现场教育学习，组织党员品读《习近平关于"不忘初心、牢记使命"重要论述摘编》《习近平新时代中国特色社会主义思想学习纲要》《深入学习习近平关于教育的重要论述》、习近平总书记在全国教育大会上的讲话。《读书成就名师——12位杰出教师

的故事》《教育的温度》，影视作品《一生只为一事来》等系列书籍、影视资料，开展系列读书观影活动。2020年9月，学校开展了一系列以"习近平新时代中国特色社会主义思想"为主题的学习活动。

党史党章学习。三年来，学党支部校坚持每月一期党史党章学习，引领教师、学生薪火相传跟党走。如：2020年上半年，学校的党史学习教育为：三月，互助节，学党史，学习雷锋好榜样；四月，阅读节，读党史，祭奠革命英烈。五月，感恩节，学党史，感恩父母，感恩学校，感恩家乡，感恩祖国；六月，儿童节，学党史，争做先锋好少年；七月，学党史，向党的百岁生日献礼。而每学期初，党支部都会组织党员教师进行党章学习，重温入党誓词。

法律法规学习。每学期初，学校党支部都会组织全体教师学习《中华人民共和国义务教育法》《中华人民共和国教师法》《师德修养与教育法规》《教师"十不准"》等，以提高教师的法律法规意识，以规范自己的从教行为。

二、齐思——坚持三会，根基上夯实

孔子说："学而不思则罔。"良好党风的形成也是党员教师不断反思、改正的过程。

党小组反省会。学校党支部将党员教师分为三个党小组，每月，党小组均召开一次反省会，开展批评与自我批评活动。党员教师人人备有反思本，将平时碰到的问题记录下来，在每月一次的党小组反省会中提出来，如果出现偏离正能量的言行发生，党小组长或党支部书记会加强个别党员的谈心谈话，赠送其一些书目，从品味原著中加强党性修养。同时，每个党小组每期设立一个党员示范岗位，亮身份、明责任，在反省中互相学习、互相提高。

党支部民主生活会。召开一次高质量的专题民主生活会，是领导班子和党员领导干部"守初心、担使命、找差距、抓落实"的一次政治体检，也是检验主题教育成效的一项重要内容，因此学校党支部高度重视每学期一次的民主生活会。每次的民主生活会，党支部书记首先解剖自己、揭短亮丑，再让党员教师真点问题、点真问题。慢慢地，学校的民主生活会做到了既有"辣味"又有"苦味"。

优秀党员评比会。党支部坚信优秀是做出来的，同时群众的眼睛是雪亮的，因此，学校每年"十佳优秀党员"的评比需要全体教师的参与。评比由两部分组成：细则打分80%+民主测评20%，前十名为"十佳优秀党员"。首先，由全体党员教师讨论出我校"优秀党员评比量化细则"，每学年对照细则进行星级评比，从而得出分数。然后，每年6月底将进行专题优秀党员评比会，党员教师上台述职，全体教师根据述职与平时的工作对他们进行投票。最后，算出结果并公示，公示5天无异议则当选。

三、力行——两个引领，行动上坚定

党员教师理论上要清醒，行动上更要坚定，做好两个引领，成为教师和学生的"引路人"。

教育教学引领。三年来，学校党支部以各种方法激发党员教师的教育情怀，以"创和乐教育品牌名校"的目标激励教师，党员教师做好教育教学的引领者。学校党员教师主动上示范课共计60次以上；党员多次带头清理卫生死角、种花种草；党员教师定期进行国旗下的讲话，定期对偏离正轨的学生进行思想指导，引领学生思想素质的提升；以党支部为首，定期对家长进行培训；党员教师在国家、省、市竞赛中获奖70多次。党员教师带头主持的多项课题立项，其中国家级1项，省级3项，市级十多项课题。2020年，党员同志带头上网课、捐款5900元。2020年5月，党员同志带头在"爱心协会"捐款9900元，看望贫困教师，资助贫困留守儿童，并与留守儿童集体过生日……

日常生活引领。学校办的是有温度的教育，党支部在讲党性的同时，也希望校园处处弥漫着幸福的味道。一是丰富教师活动。每个假期，党支部和工会都会组织一些有意义的活动，让教师们放松心情，如妇女节为每位女教师送上一朵玫瑰，每年元旦、教师节的合拢宴，每次节日的一些小游戏，都让教师们在紧张的教学工作之余能放松放松。特别是今年教师节，学校为每位教师准备爱心早餐，一张党支部书记亲自签名的卡片，一瓶牛奶，一个鸡蛋，一个月饼，虽说礼物寒酸，可礼轻情义重，教师们深深为身为城北大家庭中的一员而倍感温暖。二是生日祝福。每当教师的生日，学校党支部、关工委都会在清晨发信息祝福寿星，之后，全体教师都会送上自己的祝福，如果当天有集会，还会全体教师齐唱生日歌，祝福教师生日快乐。三是关注教师生活。每当教师有委屈、有困难，党支部书记都会耐心倾听，学校也会尽最大努力解决，告诉学校的每一个老师，碰到困难不要怕，他的身后还有城北学校，还有学校这个大家庭，办法总比困难多。当教师生病住院，或生二孩等，学校党支部、工会都会组织支部成员、行政上门看望，从未落下任何一个。

2021年，是中国共产党成立100周年，学校不仅圆满完成了"党建引领"的预期目标，还实现了成为"怀化市先进基层党组织"的追求。今后，我们将向着更强、更高的目标前进！

党建引领有效，学校发展有道

——会同县城北学校党支部"党建+X"品牌工作特色汇报

不忘初心，方得始终。教育人的初心和使命，就是全心全意为学生和家长服务，办好人民满意的教育。会同县城北学校党支部积极依托"党建+X"品牌创建，充分彰显党组织对学校各项工作的引领作用，充分发挥党员的先锋模范作用，打好"党建+"这张牌，促进党建与学校各项工作深度融合，让党建成为学校各项工作的助推器，春风化雨，奋力开启立德树人新征程。

一、领好头，党建着力在思想引领上，争当"引路人"，为学之德，以学树德，不断激发活力

推行"党建+思想引领"，打造教育党建"蓝天"，依托"不忘初心、牢记使命"主题教育，教师先学理论，再浸润学生，以有目的、有计划地对学生进行思想政治和道德方面教育为目标。

主题教育到位，抓实抓细。聚焦"不忘教书育人初心，牢记立德树人使命"目标。主题教育期间，党支部组织党课2次，集中学习教育3次、专题研讨3次，主题党日3次，志愿服务1次，读书交流会3次，谈心谈话15人次，应知应会测试2次，迎接省委指导组检查。

常规动作到位，不折不扣。认真落实以"三会一课"为主要内容的常规党内生活，丰富主题党日活动内容，采取线上线下、集体讨论与自主学习相结合,从"坐着学"到"做着学",让常态动作"活起来"。党支部坚持以文化浸润为先导,以文化润学。首先是主题文化学习。坚持每周一次的主题文化学习,内容丰富多样,有习近平总书记关于教育大会的重要讲话学习、党的十九大重要精神学习,采取集体讨论、相互启发、自主学习、在线学习、观看新闻报道、督促使用"学习强国"App等方式,打牢理论功底。其次是制度文化学习。每学期初,党支部组织教师学习《中华人民共和国义务教育法》《中华人民共和国教师法》《师德修养与教育法规》《教师"十不准"》等,以提高教师的法律法规意识。文化浸润,让教师们在思想上有了新认识、行动上有了新指引,在深学笃用中打牢听党话跟党走的思想根基,把对党绝对忠诚内化于心、外化于行,进入头脑、融入血脉。最后是专业文化学习。学校师德培训的校本课程主要为例会培训课程与师德专题培训课程。每周例会中的"时政快递"栏目就是例会师德课程,此栏目形式多样,可以是各地有关师德的新闻,也可以是教育小电影或小播报,还可以是校内师德小故事等。而每学期,党支部至少进行两次师德专题培训,如8月29日至31日,以"浸润文化以修身,传承经典以养德"为主题开展了师德暑期培训,请专家进行讲座。11月1日,为弘扬中华民族的经典文化和传统美德,进修学校在学校开展了《师德养成教育》培训项目之诵读经典启动仪式,倡议全体教师好读书、读好书。11月22日,党支部又开展了"身边最美"师德演讲比赛,评选出10位师德标兵等。

浸润学生到位,走心走深。坚持以全面育人为目标,促进学生成长。党支部携手学校德育处,开展多样德育活动与常规管理,如年轻党员教师代表集体朗诵《大写的中国》、全校师生手语操《国家》、"今天国旗到我家,我们全家都爱她"爱国主义教育、"我和我的祖国共成长"系列主题活动、传统文化进校园、学校"和乐爱心协会"成立、"传承红色基因"主题党日带队日等。2020年秋季开学,党员教师带领爱心协会对学校四年级一名生病住院的困难学生进行走访帮扶。"和正亲师、乐学雅行"的城北学子的习惯正在养成:清晨,县城每个公交站台,城北学生排队候车;早上,学生排队入校，向值周教师行天揖礼；来到教室，认真早读；中午每班排队有序就餐；午饭后全校静校，安静午睡；下午放学，有序排队文明乘车回家，或有序排队步行回家。为了鼓励学生发展特长，为五年级朱玉同学成功举办了个人美术画展，收获了"润物细无声"的德育效果，同时加强对少先队工作的支持和指导，充分发挥少先队组织在发现、培养、推荐优秀队员和服务、凝聚少先队的功能及党的助手的作用。

二、塑好形，党建发力在家校共育上，争当"践行者"，立行之德，践行立德，不断增强合力

推行"党建+家校创新"，绘就教育党建"蓝图"，携手家长共发力。党支部牵头成立家长学校，定期对家长进行培训。7月16日，怀化市教育局下达通知，印发《关于组织开展学习会同县城北学校"家校心连心、教育手牵手"活动经验的实施方案》，12月，怀化市妇女联合会、怀化市教育局授予我校"怀化市家庭教育试点基地"。5月，我校荣获"全国家庭教育创新实验基地"称号。

家长"请进来"。党支部利用"家长进课堂"活动以及"家长义工团"把家长"请进来"，邀请家长参与学校、班级管理，党支部书记向家长详细地汇报学校的教育教学管理情况，听取家长代表们的建议，家校合力办学暖人心。第一，定期家长会。每学期召开一次座谈会，或一次专家培训会，或一次经验交流会，以提高家长的教育意识。2020年6月，学校邀请六年级两位家长为全体六年级家长做了题为"父母当好孩子的'三教老师'"及"父母的陪伴是最好的爱"的经验分享，五年级组利用钉钉召开线上家长会，家长进课堂活动邀请了1508班家长进行夏季防中暑安全教育。第二，爱心助儿童。2019年12月，党支部成立"和乐爱心志愿者协会"，城北的教职工率先垂范，为人师表，奉献爱心，走访并资助贫困儿童20余人次，以实际行动践行着"爱心、责任、敬业"的核心师德。基于学校教师的榜样付出，学校的家长义工延续着走进课堂、校外值勤、妈妈食堂等。家长义工参与学校的疫

情防控工作，主动捐赠防疫物资。

教师"走出去"。家访常态化，接新班的第一学期，全体班主任进行家访；其余时间，对有问题的学生必须家访。学校的家访率达到每期70%以上。党员教师带头将家长会送到每一个学生家长的家门口，对学生及家庭进行一对一教育帮扶，确保每一个学生家长充分了解学生学习成绩的变化和思想动态的发展，教师了解学生家庭教育情况。每日放学后，六年级党员教师带头利用课余时间辅导学生，将学生亲自送回家并做家访。

党支部"领前移"。学校党支部邀请专家教师、班主任、优秀父母组成家庭教育讲师团，对广大家长每月宣传党的教育方针、相关法律法规和政策，传播科学的家庭教育理念、知识和方法，组织开展专题报告会、家庭教育讲座等活动。支部书记带头在家长会做了以"携手相牵和乐成长"为主题的讲座。

三、理好事，党建聚力在教育教学上，争当"排头兵"，从思之德，促思养德，不断提升魅力

党支部推行"党建+教育教学"，构建教育党建"蓝本"，以教育改革为动力，打造和融课堂，坚持以党员教师为示范，教学教研争上游，着力打造忠诚、干净的教师队伍。

党支部以业务能力提升为源头，办有深度的教育。采取以点带面的策略，号召全体党员争做师德建设模范，争做过程管理模范，争做教学工作模范，争做教育科研模范，争做团结协作模范。第一，重视教学常规工作，严把日常管理关。每月，教研组、教导室都会对全体教师的备课、批改作业情况进行检查并登记，要求备课要完善并符合学生的学情，批改作业要细致有日期、有评语。第二，重视课堂教学要求，严把课堂教学关。学校举行了"和乐青蓝红工程"双师制结对仪式，有经验教师对青年教师的课堂教学、班级管理进行手把手指导。2019年8月，学校承担会同县教师进修学校教师第二期、第三期培训，32人次担任客座教师，12人次担任教师培训班班主任。

2019年下学期，市教科院李重莹老师两次莅临学校调研指导，展开以"基于常态下的课堂教学研讨"为主题的教研活动，多位党员教师上了常态课及研讨课。2020年5月，为迎接怀化市传统文化进校园检查，2名党员教师上"和融课"《水调歌头》。

在会同县教研室数学同课异构活动中，数学教研员邓亮巡和我校党员教师进行"复习小数"同课异构。2020年6月，与地灵小学进行校际交流时，2名党员教师分别送教《芙蓉楼送辛渐》及《小数的复习》。在教导室、教科室统一协调下，每学期，党员教师要积极承担的高质量的公开课（示范课）、课题研究、教研组交流发言等活动，党员教师都必须成为教育教学骨干，以促进教学改革提升。一年来，党员教师带头主持的多项课题立项，其中市级1项，省级3项，另有1项拟申报省级课题。同时，我校支部正携手德育处积极开发形成"红色教育"课程体系。另外，党支部经常以年级组、党小组为单位进行自我剖析、组织生活会等，以提高教师的师德、教学等各方面的自省能力。

党支部以教师作风建设为基石，办有温度的教育。首先，党员教师以身示范。两年来，我校党员教师主动上示范课达60人次以上；党员带头清理卫生死角、种花种草；党员教师带头定期进行国旗下的讲话，定期对偏离正轨的学生进行思想指导，并将德育融入课堂，引领学生思想素质的提升；以党支部为首，定期对家长进行培训；党员的引领，使我校教师作风建设有了质的转变，越来越多的教师向党组织靠拢。其次，行政班子吃苦在前。除了校长外，其余行政人员全部担任语、数、科教学，做到教学工作与行政工作两不误。并且，积极发扬民主，集体讨论。在城北学校，优秀是干出来的，而不是争来的、捧来的。最后，每周评比"和乐教师"。值周行政人员将本周表现突出的典型教师评为"和乐教师"，在例会上，为他们披上绶带，表扬他们的先进事迹。教师们争相学习，城北形成力争上游新风尚。

党支部以开拓和乐校园创新为抓手，办有广度的教育。争创特色名校，党员教师冲锋在前，制作《和乐育人，育和乐人》学校宣传册和校刊《和乐人》，对内引领师生的教育行为，对外彰显城北人教育品质。湖南教育电视台、《湖南科教新报》《怀化日报》、掌上怀化、怀化新闻网、会同新闻网等多家新闻媒体对学校多次进行报道。2019年10月16日，《科教新报》进行了《湖湘师表饶菊芳：为孩子打造"和乐"校园》专题报道。

学校党支部正逐步从学生、教师、家长三个维度，夯实基层党建工作实效，让党旗高高飘扬在校园，努力践行教育人的初心，为老百姓提供家门口的优质教育，秉持"和谐包容·和乐进取"的创校精神，以"和润有责·乐美有为"为校训，实施"和乐"教育，倡导"和融协进·乐探求真"的校风，打造一支"和意润生·乐育善教"的教师队伍，培养"和正亲师·乐学雅行"的全面发展的乐学学子。和谐发展、有责担当、乐美人生，在"党建+"的护航引领之下，让和乐教育贯穿始终，乐满校园！

打造"学思行"体系，开遍廉洁和乐之花

——会同县城北学校清廉学校建设工作汇报

会同县城北学校创建于2018年，秉持"和谐包容·和乐进取"的创校精神，办和乐教育，和乐育人，育和乐人。孔子说，学习过程（或教学过程）就是学思行相统一的过程。几年来，学校将品牌效应融入清廉学校建设中，校、师、生、家全链条构建清廉教育"生态链"，创建"学思行"清廉文化教育模式，全面营造"师风清净、学风清新、校风清正"的浓厚氛围，打造教育"绿水青山"，塑造"和于廉风，乐于廉洁"的学校形象。学校先后荣获"全国家庭教育创新实践基地""全国青少年校园足球特色学校""全国校园排球特色学校""全国家庭工作先进集体""怀化市文明标兵校园""怀化市先进基层党组织""师德养成示范校"等称号，成为了老百姓心中的好学校。《半月谈》《中国火炬》、中国网、湖南教育电视台等多家媒体进行了报道。2022年，学校被确定为"湖南省纪委监委纠治'四风'基层监测点"，书记、校长饶菊芳被聘任为"怀化市监察委员会第二届特约监察员"。

一、"学"为先，促清净"和乐"师风

求木之长者，必固其根本，学校高度重视清廉校园工作，以"学"促清净"和乐"师风。

1. 引学，党建引领党先行树榜样

在学校党支部的领导下，党员教师以身作则，率先垂范，提高廉政意识和拒腐防变的自觉性。班子带头践行廉洁从教，树立廉洁从政、勤俭办学的崇高思想，以集体利益为重，做师生的楷模，办好人民满意的教育，确保有违师德事件零发生。学校成立清廉校园工作领导小组，由书记担任领导小组组长，分管副校长担任副组长，由德育处、少先队具体实施。一是管理常规化。把清廉校园纳入学校发展的总体规划，做到清廉校园工作与学校工作协调发展。把清廉校园工作列入学校工作的议事日程，经常研究，周密部署，商讨解决清廉校园工作面临的问题。二是工作常态化。重视清廉校园工作，深入开展师德宣传、廉洁教育宣传。把清廉教育纳入学校班会主题教育体系，进一步拓展了清廉校园工作的覆盖面。党支部注重反腐倡廉的思想建设不放松，做到"三常"："常看"，常看廉政教育警示片，参观警示教育基地等；"常谈"，常开展廉政谈话，谈工作和思想上苗头性、倾向性问题；"常提"，常利用行政会、党员大会等各种会议宣讲反腐倡廉精神。2021年1月7日，在湖南省教育厅组织的师德师风建设工作座谈会上，饶菊芳做了题为"修身修己以育人，和乐德育铸师魂"的专题汇报。学校党支部扎实开展党史学习教育，迅速在全校掀起学习热潮，支部班子带头学、党小组分头学、宣讲专题学等多种方式，引导广大师生把学党史转化为奋进新征程、建功新时代、保家卫国的实际行动。

2. 带学，教师带头学廉洁树师德

学校积极营造"人人思廉、全校崇廉"的良好工作氛围。一是勤"纸上学"。日常工作"廉洁单位"领导小组利用主题党日活动及教师例会组织教师学习廉政文化，学习党风廉政建设的有关文件精神及相关典型案例通报，不断加强教师对廉政知识的掌握和对党风廉政建设重要性的认识，全体教师重温"双减"背景下的教师行为准则，守住底线不碰红线，争做新时代的"四有好老师"和"四个引路人"。二是重"践行学"。2018年1月21日，学校工会组织全体教职员工在会议室隆重召开主题为"勠力同心谋发展砥砺前行续新篇"的第一届教代会，共商学校发展大计，把探索"学思行"和乐党建模式、清廉文化教育模式、德育模式提上议程。学校每学期举行一次演讲比赛。2020年11月，在和乐大讲堂举办了"师德师风"演讲比赛，杨明珍、杨柳成获县一等奖；2022年6月，唐姣、龙佩莹获县演讲比赛一等奖。引导教师爱岗敬业、廉洁从教。每周的和乐教师评比树立了一批批先进廉洁从教典型。

3. 趣学，多元和融齐并进树清廉

在大力落实"双减"政策的浪潮中，学校力求把清廉校园内容与爱国主义教育、国防法制教育、学科知识教育和实践教育等有机结合起来，采取灵活多样的教育形式，有的放矢地开展蕴含清廉文化的各种有益活动，增强清廉文化的吸引力和感染力，多层次为学校教育教学提质减负。首先，活动丰富多元，开发校本课程。利用主题班会、国旗下的演讲、校园广播、公众号等，厚植家国情怀，清廉风尚。在雷锋月、劳动节、"九一八"、国庆等特殊时节进行活动，通过墙报、广播、队会、班会、庆祝会、社会实践等形式对学生进行爱党爱国的教育，激发学生做清正廉洁之人的意愿。其次，学科相互渗透，打造和融课堂。学校根据上级关于清廉校园的要求，把清廉校园建设纳入学校教学计划，对学生进行清廉文化洗礼，引导学生树立正确的世界观、人生观、价值观，对他们进入社会后的廉洁价值取向产生深远的影响。2021年1月7日下午，学校"思政大课堂"迎来了一位特殊的老师——会同县原县长周立志，他为五年级全体师生300多人带来了一堂题为"当好社会主义建设的接班人"的思政课。他围绕"信仰、坚持、感恩"三个关键词对学生进行授课。再次，传承清廉基因，走进红色课堂。每年，学校都会以党史学习教育为依托，在清明节或烈士诞辰纪念日，积极开展"清明祭奠英烈，传承红色基因"教育活动，党员教师与少先队员前往粟裕纪念馆、纪念碑开展缅怀革命先烈活动，学习革命先烈的廉洁事迹。2021年10月13日，为庆祝中国少年先锋队建队72周年，教育引导少先队员听党话、跟党走，学校举行了以"请党放心强国有我"为主题的建队日活动暨新队员入队仪式。最后，家庭社会携手，助推学习趣味。在推进清廉校园建设的过程，开展家庭、社会促廉活动，将清廉校园建设与家庭教育、社会教育有机结合，让清廉文化的因子影响渗透到广大师生和家长的心中。2018年12月7日，家长第一次走进课堂为孩子们授课，从那一天起，全校各班双周便有家长们带来的特色课堂，进一步丰富了学校促廉教学资源。2019年5月15日，县税务局"税法宣传进校园活动启动仪式"暨"减税降费进校园共牵小手同成长"活动走进学校。2020年9月16日，学校邀请城北派出所民警，为四年级500多名学生上了一堂精彩生动的法治教育课，让青少年远离犯罪。2022年3月11日，县纪委监委的工作人员到学校开展"清风拂童心，清廉伴我行"主题活动，引导学生在生活中做事讲"清廉"，弘扬"讲诚信、守信用"的传统美德，通过剪纸和书法比赛，让孩子们在实践活动中进一步接受清廉文化教育的熏陶。

二、"思"为要，促清新"和乐"学风

倡廉有形，润物无声，学校奏响以思促行"协奏曲"，在"思"字上下功夫，思而内化于脑。

1. 以写促思

2021年11月5日下午，学校报告厅传来阵阵掌声。党史学习教育局宣讲团成员——教育局党委书记、局长刘小忠为全体教师及少先队员代表共400余人带来了一场生动的党史学习教育。在党史学习教育会上，刘小忠同志结合教育现状做了"弘扬伟大建党精神，开创我县教育新局面"专题宣讲，用朴实的语言以及鲜活的例子，从为何学、学什么、怎样做三个维度，深刻教育全体教师把握党史学习教育的重点，弘扬伟大建党精神，全面提升教师素养，廉洁从教。师生同写心得体会，结合自身实际照镜子知不足。另外，每次的党风廉政学习，心得体会必不可少。

2. 以赛促思

学校通过师德师风演讲、学生手抄报比赛等，用师生作品积极打造廉洁文化长廊建设，重点突出"清廉"主题，让大家真正把纪律意识、法治意识

和廉洁理念内化于心、外化于行，让廉洁文化可感可触、入脑入心。2018年11月16日，学校组织开展了"法制知识"进校园活动，现场法制征文竞赛，征文标题为"做遵纪守法好少年"。2021年4月，学校组织开展"百年党史挑战赛"，全体党员通过问卷星形式参与"最强大脑"知识竞赛，通过竞赛，达到了以考促学、以学促改的目的，该活动被《怀化日报》宣传报道。2019年12月11日，为激发少年儿童的爱国热情，展现少年儿童积极向上的精神风貌，五年级举办了"我和我的祖国共成长"主题演讲比赛。2021年5月，为隆重庆祝党的百年华诞，缅怀革命先辈，传承红色基因，学校用了整整一个月举办了以"红领巾学党史，争做党的红孩子"为主题的"红领巾讲解员"风采展示大赛，同时，通过手抄报、作文、演讲等形式展示师生感悟和收获。2021年5月18日，党支部组织"就认这个理"青年党员教师成长故事分享会，青年党员教师结合自身工作经历，深情讲述在党旗指引下，如何为教育贡献力量，廉洁从教。2021年9月，学校举办了"童心向党，有'画'对您说"书画展。

3. 以读促思

学校开展形式多样的读书活动，并设有"清廉书吧"，定期在"清廉读书吧"进行师生清廉故事分享会。2019年11月1日，为弘扬中华民族的经典文化和传统美德，学校特开展了《师德养成教育》培训项目之诵读经典启动仪式，带领学生诵读经典学廉洁；2021年4月，学校开展了以"读革命经典，继承红色基因"一系列读书活动。2022年4月29日，会同县全民阅读暨"扫黄打非·护苗·绿书签"行动启动仪式在学校举行，学生们表演了情景诵读《信仰》。

三、行"为重，促清正"和乐"校风

夫君子之行，静以修身，俭以养德，学校坚持"理问题"与"办实事"相结合，聚焦中心工作，在"行"字上出实招。

1. 立足工作，教师力行

学校教师率先垂范，廉洁从教，上好一堂课，管好每一个班级为基础，立足本职工作力行廉洁之风。学校制定了《城北学校廉洁从教十不准》，全体教师签订了承诺书，清廉校园工作领导小组随时通过家长学生走访、调查问卷等形式对教师进行监督。每逢重大节假日，学校都会向全体教师发送廉政警示短信，向全体家长和学生发放廉政过节倡议书。同时，深入教师家庭，以家访促家风，以家风促作风，在关心慰问教师家属的同时，就职业道德、廉洁从教和家风家训与老师们交流探讨。另外，在党员、行政人员的引导下，学校甘于奉献的"和润有责，乐育善教"的教风逐渐形成，课后、周末义务辅导后进生，走进家庭为贫困学生捐款捐物，带领学生在周末做志愿者等的现象层出不穷。

2. 志愿服务，党员先行

学校开展别开生面的廉洁活动，用爱心、诚心、真心成就最美风景线。2019年，城北爱心协会成立，为资助有困难的家庭，城北人一直在默默出力；2021年12月27日上午，在寒风凛冽的天气中，学校党员志愿服务队伍不畏严寒，合力扫雪铲雪，用实际行动开辟了一条洋溢着温情的方便之路，吹响了破冰铲雪的"进行曲"。2021年7月2日，学校全体党员来到马鞍镇红军桥开展"重走红军路，树廉洁之风"活动，在沉浸式的实景课堂中，缅怀先烈、铭记历史、齐诵《青春》节选；8月，党支部录制《信仰》主题微党课，讲述党员教师们的信仰，传播信仰的力量。2021年5月，学校举办以"红领巾学党史，争做党的红孩子"为主题的"红领巾讲解员"风采展示大赛，让少先队员们在活动中深刻感受粟裕大将的坚毅、朴素、对党忠诚、廉洁正气。每年，学校都会利用重阳节等节日，组织学生做孝心少年。2022年4月28日，学校开展"从我做起，孝德在心间"主题队会，弘扬好家风，做和乐廉洁少年等。

3. 家校合力，家长践行

学校作为"全国家庭教育创新实践基地"，以清廉家风推动清廉学校建设，通过"书香节""家长清廉讲堂"等家校清廉共建活动，深化家校合作，从小培养学生清廉意识、清廉习惯、清廉家风，引导家长为孩子做出正确示范，把廉洁的理念带回家，家校携手，让清廉意识延伸、浸润每个家庭。此外，学校还依托家校资源、社区资源，开展勤俭节约、敬老爱亲、爱家乡爱祖国、劳动教育等廉德文化教育，引导学生学习和弘扬清廉文化精髓，使清廉学校建设外显于形、实施于行、固化于心。学校还将廉洁之风通过"小手牵大手"、家长培训、家长课堂、家访、给家长一封信等形式带入家庭、社区。关爱留守儿童，特别是对隔代家庭，每学期初，学校都会进行隔代家长培训，其中一栏为"一身正气树家风"。每年教师节前夕，学校都会在社区对家长、学生及社会人士进行以"清正廉洁"为主题的宣讲，当发现一些家庭有不正之风时，班主任、科任教师都会上门一对一跟踪指导，帮助纠正并形成良好的家风。2022年，《半月谈》第二期以《家校共育，育出欣喜》为题报道了学校指导隔代教育经验。

"和乐教育探真知学思行乐在其中共成长，渠水河畔育桃李创名校百花绽放笑颜开！"会同县城北学校在思想上重视、工作上聚焦、落实上深化，全面推进"清廉学校"建设落地落细，以师风正学风，以校风促家风，让清廉之风润化心灵，让廉洁之果挂满校园，吹开校园清正廉洁之花，扣好学生人生第一粒扣子，将学校建设成立德树人、培根铸魂的"绿水青山"，为会同县教育教学高质量发展保驾护航。

金菊傲霜，一路清香

——记"清廉学校"典型人物

"将军故里富饶地，菊花盛开洒芬芳。"学校党支部书记、校长饶菊芳的名字由此而来，她多次拒绝大城市学校的高薪聘请，在会同这一后发展地区如秋风中怒放的金菊，散发着沁人的清香。

每逢新学期开课，饶菊芳校长都会给教职工上一堂廉政教育课，发自肺腑的谆谆教导，如春风细雨，浸润着老师们的心田。

一、廉明治校的"引路人"

她致力于打造清廉校园，培养清廉学子，创新"学思行"廉政文化教育模式，"廉风入心间、廉志植胸怀"，学校开展廉政文化专题学习和知识竞赛、编排"清廉"主题文艺节目、举办"清廉教师"和"清廉家庭"大评比等活动，清廉文化育人润物无声，成效显著。

二、廉洁从教的"代言人"

由于学校名气大，常有家长为转学来说情，她习惯在操场等公共场合约见，耐心地向家长们宣传政策，并主动邀请家长举报教师廉洁问题。"一丝一粒，我之名节"，她从不接受家长的礼品、现金，"清正廉洁"的形象深入人心。在她的引领下，学校党政班子都能做到"瓜田不纳履，李下不整冠"。

三、廉正爱生的"有心人"

"有困难，找校长！"饶菊芳带头设立"爱心基金"，发动教职工、家人、朋友捐款捐物，资助贫困学生和特困教师。学生、教师遇到困难，她总是第一时间走访慰问。

多年来，她累计支出"助学金""慰问金""特殊党费"数万元，以实际行动诠释"不要人夸好颜色，只留清气满乾坤"的高尚品格。

学校政风清明、校风清净、教风清正、学风清朗，荣获"全国家庭工作先进集体""全国家庭教育创新实践基地""全国巾帼文明岗"等，同时被认定为省纪委监委纠治四风基层监测点、怀化市清廉学校，她个人也被聘为"怀化市监察委特约监察员"。

"何须浅碧深红色，自是花中第一流。"饶菊芳就是这样散发菊香，一路芬芳，领跑会同县教育清风一路向前！

饶菊芳用实际行动领跑会同教育廉政清风，诠释了"金菊傲霜，一路清香"廉政校风，她坚持做廉明治校的"引路人"，廉洁从教的"代言人"，廉政爱生的"有心人"。

饶菊芳致力于打造清廉校园，创新"学思行"廉政文化教育模式：

饶菊芳多次组织廉政文化建设活动：

饶菊芳多次自掏腰包资助贫困生：

饶菊芳向家长们宣传学校招生政策，并鼓励家长们举报不廉洁行为：

奏响学思行"三部曲"　修好党史"必修课"

——会同县城北学校党支部2021年党史学习教育汇报

自党史学习教育启动以来，会同县城北学校党支部严格按照上级党委要求，以习近平新时代中国特色社会主义思想为指导，聚焦主题主线，围绕"学党史、悟思想、办实事、开新局"，扎实开展党史学习教育，引导广大师生回顾中国共产党建党100年来的光辉历程，博学忆初心，深思蓄力量，笃行添动力，精心谋划，多点发力，同时紧扣学校中心工作、紧贴教育教学工作实际，奏响党史学习教育学思行三部曲，打造"学—思—行"闭环式党史学习教育模式，修好党史学习教育必修课，推进党史学习教育融入日常、走深走实。2021年，学校党支部获得"怀化市先进基层党组织""怀化市巾帼建功先进集体""怀化市文明校园"，现将学校党支部党史学习教育工作总结汇报如下。

一、博学，学在要处，奏响以学促思"主线曲"

刀不磨要生锈，人不学要落后，学校党支部坚持"钻进去"与"跳出来"相结合，感悟思想伟力，在"学"字上寻初心。

1. 原汁原味学

在"研读"中深耕深植、深钻细研，如切如磋、如琢如磨，真正学出政治上的坚定，学出理论上的清醒，激发实践上的干劲。党支部组织党员进行四本规定书目自学，以党小组为单位定期进行读书交流会；利用4月全民阅读日的时间节点，全校教师自主选择购买了一本红色读物，学校负责报账，进行原著品读；"六一"期间，学校向留守儿童赠送红色故事书，开展红色故事会，激发少先队员学习党史的热情，以通俗易懂的方式，让党史故事浸润童心。

2. 专题集中学

党支部坚持"领导带头、支部引导、融入日常、抓在经常"。2021年1月7日下午，周立志同志为五年级全体师生300余人带来了一堂题为"当好社会主义建设的接班人"的思政课，在课堂上，学校紧紧围绕"信仰、坚持、感恩"三个关键词对学生进行授课；3至6月，学校利用4次专题学习，开展集中研讨，由"书本学"进阶为"研讨学"，由"一人讲"变为"大家讲"，积极营造"赶学比超"的良好氛围，在深学细研中坚定理想信念；七一前夕，党支部书记以"中国共产党为什么'能'"为主题，为全体党员上党课；7月，党支部认真组织召开专题组织生活会，开展批评与自我批评，对照检查自身工作情况，剖析问题，落实整改，提升党史学习教育质效；在周一中午的全体教师例会上，增加了"党史小课堂"环节，入党积极分子以红色家书为媒介，通过朗诵、解读，共同追溯红色家书背后的党史故事，三年级组教师带领大家在红色经典诗歌朗诵中感悟党史；暑期党员集中培训中，党支部书记带领教育系统所有党员教师共同学习中国共产党党史；11月，局党委书记、局长赴我校，为全体教师及学生代表进行《弘扬伟大建党精神，开创我县教育新局面——学习贯彻习近平总书记"七一"重要讲话精神》专题宣讲，全体师生激昂宣誓，纷纷表示将全力投身"教育强县"打造的队伍；党支部书记先后赴机关幼儿园、长寨学校、连山中小学进行"七一"重要讲话精神宣讲；11月，组织党小组会议进行十九届六中全会精神学习交流，党员教师以全会精神解读深入高年级主题班会课堂，进行思政课授课；12月，党支部书记向县科干班、学校部分少先队员、爷爷奶奶家长及全体教师传达省党代会精神。

3. 多样形式学

党支部支部一系列学习宣传活动，促进党史学习教育不断向纵深推进，让全体师生在党史学习教育中"明理、增信、崇德"。3月开学初，学校开学典礼以"薪火相传学党史，童心向党跟党走"为主题，抓住教育契机，渲染学习教育氛围；4月，组织开展"百年党史挑战赛"，全体党员通过问卷星形式参与"最强大脑"知识竞赛，通过党史学习教育知识竞赛，达到了以考促学、以学促改的目的；4月2日，学校以党史学习教育为依托，积极开展"清明祭奠英烈，传承红色基因"教育活动。党员教师与少先队员代表在《没有共产党就没有新中国》的嘹亮歌声中，前往粟裕大将纪念碑处开展缅怀革命先烈活动；5月，举办以"红领巾学党史，争做党的红孩子"为主题的"红领巾讲解员"风采展示大赛，少先队员们在活动中深刻感受粟裕大将的坚毅、朴素及对党忠诚的优良品德；7月2日，全体党员来到马鞍镇红军桥开展"重走红军路"活动，在沉浸式的实景课堂中，缅怀先烈、铭记历史、齐诵《青春》节选；8月，党支部录制《信仰》主题微党课，讲述党员教师们的信仰，传播信仰的力量。9月，全县国防教育进校园活动在学校举行，通过看演出、观展板、讲故事等，学习国防知识。12月，党支部制作了"双减"政策性的《让和乐点亮教育之光》微课。

二、深思，思在远处，奏响以思促行"协奏曲"

"学而不思则罔"，学校党支部坚持"抓学习"与"抓工作"相结合，赓续红色基因，在"思"字上下功夫。

1. 思而内化于心

全党开展党史学习教育，是深入灵魂的理论学习，更是融入血脉的精神洗礼。2021年3月5日，部分女党员教师参与我县庆祝"三八"国际妇女节111周年暨"话心声，给党听"群众性朗读活动；4月17日，党员教师代表排演节目《巾帼颂》参与会同县"热烈庆祝中国共产党诞辰100周年"中小学（幼儿园）艺术节；5月18日组织"就认这个理"青年党员教师成长故事分享会暨

"师魂映党旗"演讲比赛。青年党员教师们积极思考，结合自身工作经历，深情讲述在党旗指引下，如何为会同教育贡献青春力量；教师、少先队员、学生家长成立"百年党史百人讲"故事宣讲团，学校微信公众号定期推送《百年党史我来读》。截至目前，党支部共动员青年教师20余人、家长10余人及少先队员40余人共同参与"百年党史我来读"活动；9月，举办"童心向党，有'画'对您说"学生画展，少先队员以绘画形式表达对党的热爱。

2. 思而外化于行

作为教育行业的师者，学校党支部始终以在党史学习教育中走在前、作表率为目标。4月1日，洪江市黔城镇中心小学与会同县沙溪小学共35名教师，来到学校进行"三校"教学研讨交流活动，党员教师唐丽丽、入党积极分子龙佩莹、杨浏成展示和融课堂；4月19日，组织教师赴沙溪开展校际交流活动，此次活动由出彩课堂、多彩教研、精彩讲座三个篇章组成，党支部书记带领党员教师谢非、张丽、粟春红、林艳艳、梁菲等上示范课及讲座。6月4日，饶菊芳小语名师工作室赴金子岩小学送教送研，党员教师龙玉、谭春燕、伍霞等纷纷上示范课、做主题讲座；7月4日，会同县中小学青年教师教学竞赛在城北学校举行，党员教师梁艳梅、郑超分别荣获小学语文、英语第一名，代表县赴怀化市参加比赛，并双双荣获"怀化市教学能手"称号；9月，由党支部书记主持，党员教师参与的指导隔代教育湖南省教育科学"十四五"规划一般资助课题开题；11月，由党员教师代训的校体训队获得县中小学生运动会小学组第一名；教学活动月中，青年党员教师粟玉娇、刘夕榕，入党积极分子梁竣翔、魏婕、黄露承担主题教研汇报课；11月19日，为落实"双减"政策，夯实课堂，粟裕希望小学、城北学校两校交流活动，党员教师梁菲、入党积极分子陆思文两位优秀班主任进行经验分享；12月2日至3日，市教科院数学教研员李重莹老师送教，党员教师吴传清、杨浏成等进行数学课堂展示。

三、笃行，行在实处，奏响以行促学"实践曲"

"纸上得来终觉浅，绝知此事要躬行"，学校党支部坚持"理问题"与"办实事"相结合，聚焦中心工作，在"行"字上出实招。

1. 做学生的守护者

党员教师们自觉把学习党史作为必修课，在学习党史中汲取成长营养，获取奋进力量，在教育教学中教师们以更加良好的心态和斗志投入工作，以积极向上的冲劲服务于社会、家长与孩子。4月，党员教师带领学生参加实践活动，走进粟裕纪念馆，学习粟裕精神，做红色传承人。5月31日下午，为深入开展好党史学习教育"我为群众办实事"实践活动，将党史学习教育成果转化为工作成效，学校党支部联合学校关工委、和乐爱心协会开展"我为群众办实事"之"留守儿童集体生日"活动，党员教师与贫困留守儿童结对帮扶，关心留守儿童健康快乐成长，这项举措让不少家长倍感温暖贴心，引得大家广泛赞许；9月，开展"和乐体育节"活动，让学生爱上运动。11月8日，学校为六年级1601班张俊铭和五年级1705班陈俊宏同学举办个人书法展，用实际行动守护孩子的初心梦想；定期以年级组为单位，进行全覆盖式家访，走近、了解、帮扶困难学生。12月，党员教师一道成功举办了湖南省2021YFL青少年足球邀请赛，为山区孩子点燃了足球梦想。

2. 做家长的贴心人

俯下身子、撸起袖子从家长最难以解决的问题入手、从最突出的问题抓起、从最现实的利益出发，紧盯家长烦心事、忧心事、难心事，在真刀真枪"干"和动真碰硬"炼"中真正做到"学史力行"，用实际行动交出满意答卷。4月26日上午，省、市关工委一行调研了学校的指导隔代教育情况，下午的座谈会上，党支部书记做了"创建隔代教育模式，家校共育时代新人"的专题汇报，参会领导对学校的"学思行"和乐家校模式给予了赞赏，声称"此项举措"应该全省推广；继续开展"妈妈进食堂"，解决部分陪读家长工作问题；党支部开办家长学校，定期组织集中家长培训，9月的一年级新生家长培训一改以往坐在会议室的形式,将会议地点搬到了操场,别开生面的家长培训会上掌声不断;学校设置和乐家长形象墙,定期评选和乐家长义工,鼓励家长积极参与学校管理;12月10日,党支部书记以"'双减'背景下,隔代教育路在何方"为主题,为家长学校中的爷爷奶奶们进行家庭教育方法指导。搭建城北教育"幸福圈",即家长每天至少半小时高质量陪伴,鼓励家长、孩子共同进行阅读、运动、做家务等活动;以学校周边小区"水岸绿城"为试点,选拔一批有情怀的家长化身共享"父母"、校外辅导员,既满足孩子们一起玩的期盼,也解决了隔代家庭带孩子难、辅导孩子更难的长期痛点;学校也将一批留守儿童、有共同爱好的孩子集中起来,在晚餐后带领爷们进行踢足球、打篮球等有益身心的活动。

3. 做老师的领头雁

百年党史是一代又一代共产党人顽强拼搏、不懈奋斗的革命史,其中蕴含着宝贵的精神"富矿",党员教师应在学习践行的过程中激发奋进之力,在砥砺征程中扬鞭奋蹄。"五一"国际劳动节前夕,全体党员带领57名少先队员对学校绿化带进行义务打扫,清除杂草;党支部和乐爱心协会组织捐款9000余元,其中书记带头捐款2000元,看望帮扶困难教师2人;积极协助解决教师周转房问题,让老师们工作安心、生活舒心;党支部书记率先带头,利用成立的"名师工作室"和"怀化市劳模创新工作室",对年轻教师进行帮扶,结成师徒,在业务上进行手把手指导,让青年教师迅速成长。党员教师饶菊芳、梁海娟指导青年教师张雪梅获得怀化市心理健康教育教学竞赛一等奖,党员教师郑超指导丁彦云老师上跨县到靖州上示范课,党员教师梁艳梅、粟云芳指导青年教师侯建维获得会同县中小学教师科学课堂教学比武获得一等奖。

4. 不忘来时路,方知向何行

在2021年党史学习教育中,学校党支部致力于奏好学思行"三部曲",修好党史"必修课",把理论与实践从"两张皮"拧成"一股绳",把党史中蕴含的经验智慧转化为攻坚克难的"硬核"力量,奋楫扬帆,为建设社会主义现代化新会同贡献教育力量!

让和乐点亮教育之光

——湖南省第十二次党代会小组汇报

"将军故里富饶地，菊花盛开绽芬芳。"我是来自粟裕大将故乡——会同县城北学校的饶菊芳，下面对教育工作谈三点感触。

一、一种荣光，快乐享受

张庆伟书记在党代会上的报告，是引领全省未来工作的指导性文件，为我省今后的发展提出了新目标、指明了新方向、描绘了新蓝图、拟定了新措施，也为我省的发展凝聚了新智慧、激发了新活力、注入了新动力。作为一名基层党代表，倍感骄傲，倍感振奋，倍感荣光！我更加坚定了放弃到大城市发展留守会同的选择是正确的；更加坚定了为党育人、为国育才，扎根和服务山区教育的责任感、使命感和幸福感！

教育是国之大计，是最大的民生工程。张书记在报告中提出："办好人民满意教育，推动义务教育优质均衡发展和城乡一体化，努力让每个孩子都能享有公平而有质量的教育。"这既是全面贯彻落实习近平总书记关于教育重要论述的生动实践，又为"十四五"时期湖南教育改革发展提供了遵循，作为来自后发展山区县的一名基层教育工作者，我看到了山区教育的新起点、新征程、新希望，看到了山区孩子更加美好的明天。

二、一份责任，和乐育人

会同是湘西南边陲一个仅36万人口的小县，属国家武陵山集中连片相对落后山区县。受地域等条件限制，经济发展目前较为滞后。正因为如此，教育担负起培养人才支撑的重任，县委、县人民政府对教育格外重视，真正做到了"高看一眼，厚爱一层"，在加大财政投入、优化发展环境、提高教育质量等方面不遗余力，有力地推动山区教育的均衡优质发展。2018、2019年，我县先后被认定为"国家义务教育发展基本均衡县""湖南省教育强县"，教育教学质量连续十余年处于怀化市领先位置。会同县红色教育、教育扶贫、大班额化解等工作成效由中央电视台、中新网、《人民日报》、湖南教育电视台、"新湖南"《湖南教育》等媒体宣传推介。刚结束的县党代会上，县委书记周立志明确提出"教育强县"新的战略布局，并在庆祝第37个教师节暨全县教育大会上强调："全力打造区域教育发展高地，把最美的房子建在学校，最好的关爱给予学生，最大的先手下给教育"。全县的教育发展目标更加明确，措施更加有力，让全县教育工作者感受到了"床前明月光，教师工资涨；尊师又重教，书匠腰杆壮"的幸福！

作为一名平凡的小学教师，能成为省党代表，这是各级领导对教育的重视、对教师的尊重。我感受到了一份沉甸甸的责任！城北学校处于城乡接合处，我提出办"和乐教育"，围绕"和乐育人，育和乐人"的理念，创建了"学思行"和乐党建模式、德育模式、课堂模式等，特别是家校合力的课程开发，湖南教育电视台对此进行了专题播报，在省市推广，正在探索研究的和乐隔代教育范式发表在《火炬》杂志上，被评为"全国家庭教育创新实践基地"。学校还获得了"全国青少年校园足球特色学校""全国校园排球特色学校""教育部主题教育读书活动先进集体"等荣誉。短短三年多的时间里，学校就由一个最开始几百名家长告状不愿读的学校，变成了一所老百姓家门口争相入学的最放心的学校。"承诺有声，践诺有行！"今后，我将深入贯彻落实省党代会精神，继续扎根山区基层教育，建好工作室，充分发挥作为党代表的示范和引领作用，用心用情用力办好有质量、有品位、有温度的和乐教育，倾情打造和乐品牌，形成和乐文化，推动县域教育高质量发展。努力让自己"眼里有人，心中有爱，手下有书，行中有善，脚下有路，未来有期！"

当然，作为后发展地区，我县教育的短板还十分明显，教育发展水平与山区群众的需求和对优质、公平教育的期望还有较大差距。希望省委、省人民政府继续支持山区的教育，进一步加大城县结对帮扶的力度。

三、一首小诗，喜乐表达

最后，我将一首自编的打油诗送给大家：

> 三湘英才聚长沙，聆听报告明方向。
>
> 齐心协力谋发展，初心不忘续新篇。
>
> 乘风破浪潮头立，扬帆奋进正当时。
>
> 立德树人育学子，和乐教育万里行！

"学思行"和乐党建模式活动展示

党员教师携手少先队员开展学习粟裕廉洁家风党日活动：

党支部"七一"重访红军桥现场党性教育：

支部组织党员冲锋在前共除积雪：

学校迎接市、县各级领导进行清廉学校调研：

召开清廉学校创建推进会：

党支部组织清廉从教主题党日活动：

教师代表参与师魂映党旗演讲比赛并获特等奖：

教师代表参与喜迎党的二十大演讲比赛并获一等奖：

学校举行廉洁从教教育活动启动仪式：

清廉学校创建汇报交流会：

全体教师签订廉洁从教承诺书：

师生代表参与教育局学习习近平总书记"七一"重要讲话精神宣讲团学习：

排演有关抗击疫情情景朗诵《信仰》：

举办师生清廉文化书法展：

与县纪委合作开展"清风拂童心，清廉伴我行"微课堂：

第
三
章

"学思行"
和融课堂教学模式

和乐教育理念下，"学思行"
和融课堂教学模式初探

一、和融课堂的内涵

"和融"教学思想的萌发得益于中国传统文化的精髓——"和文化"。"和融"一词，有两种解释：清朝阮葵生《茶余客话》卷中说的"香于酪乳腻于茶，一味和融润齿牙"，即融合、融化之意；又有和气、融洽之意。"和融"教育的理念源于20世纪中叶苏联著名教育家苏霍姆林斯基提出的培养全面和谐发展的人的教育思想。

"和融课堂"之"和"字是核心目标，指和而不同，互相包容，求同存异，共生共长。"和融课堂"之"融"字为方法路径，既含融通、融合、融汇之意，又指圆融的智慧和境界。"融"是走向"和"的重要途径，也是实现"和"的一个过程。

和融课堂旨在整合校内外优质的教育资源，融合学生已有的知识经验、融合多门学科、融合课堂内外、融合家庭学校、融合学习与运用、融合多方智慧，使诸多矛盾因素有效多元融通，成就融洽无间的和谐境界的理想课堂。如《两小儿辩日》的课堂中，四位老师把古文、诗词、礼仪、绘画、科学、说唱（Rap）融为一体，形成了一股古与今相结合、传统与现代相融入的新颖的课堂。在巧妙的课堂融入中，学生不仅理解透彻，而且兴味盎然。

二、和融课堂的基本模式

（一）学思行和融课堂模式

在借鉴他校成功经验的基础上，初步形成我校的"和融"课堂教学模式——"学思行"和融课堂模式：课前"学"，依据"和融学习单"学生自主学习；课中"思"，包括自主思考—和融交流—合作展示—应用提升四个环节；课后"行"，和融实践、行动反馈。

（二）具体操作步骤

本文以下所述的课前、课中、课后，主要指的是一堂课从时段划分的前、中、后段。

1. 课前——学（5～10分钟）

"和融学习单"要根据学科特点来设置，做到知识问题化、问题层次化。"和融学习单"可设置知识链接、典型例题、课堂检测、作业设置等相应内容，考虑高、中、低三个层次，按由易到难的顺序编排，作业设置选做题，拓展题等。

"和融学习单"具体设计：①不同学科、不同学段，"和融学习单"各不相同。②"和融学习单"分学期学习单、单元学习单、课时学习单、期末学习单四个类别。③"和融学习单"是学生的课前预习过程，围绕"发现问题—解决问题—提出问题—探索问题"的思路设计。④中、高段学生，还可参与到"和融学习单"设计中来。如这是语文六年级上册课文《桥》，学生设计的"和融学习单"。

"和融学习单"的使用：①"和融学习单"提前一至两天提供给学生，便于学生预习；②根据"和融学习单"内容的难易，可灵活采用课外预习，课堂前部分时间预习或整节课预习的方法进行；③各小组进行组内预习交流，归纳出小组集中出现的疑点或新发现的问题，便于上课时进行组间交流。④"和融学习单"也用于对预习效果的检测。

《桥》和融学习单

（一）

初读课文，思考课文围绕老汉写了一件什么事？小组合作完成。

1. 课文主要写了一件什么事？初步感知，老汉给你留下什么印象？

2. 完成填空：洪水（来临），（村民逃生）→洪水（　　），

（　　）→洪水（　　），（　　）→洪水（　　），（　　）

（二）

用"﹏﹏"标出描写老汉的语句，想想这是什么描写，围绕老汉你体会到什么，请在旁边做批注。

（三）

找出描写雨、洪水和桥的句子，画上"＿＿＿"，结合故事情节深刻感受老汉是一个怎样的人？请在旁边作批注。

学生自主预习要求：学生先独立阅读两遍课文，然后根据"和融学习单"，明确学习目标，结合课本、查找资料等方式解决低层次的问题，中层次的内容尽量解决，解决不了的要形成问题，利用合作学习时间，按分工有侧重点地进行研讨学习。

2. 课中——思（20~25分钟）

本环节重视"独立思考"与"合作交流"的有机融合。通过自主思考、和融交流、展示汇报和应用拓展四个教学环节来实施。

（1）自主思考。各小组组内针对"和融学习单"提出问题，自主思考，为合作学习奠定基础。

（2）和融交流。本环节进行的是组内和融互动交流。每组派一名代表（小组成员轮流）提出本组预习过程中出现的疑点或新发现的问题。小组成员之间交流各自的发现和不明白的问题，经交流弄明白的记下来。小组内解决不了的可以全班师生共同交流，教师再根据学生的困惑，采用"组内互助""点拨"等方式，解决遗留问题，并对各小组表现情况进行鼓励性评价。

（3）展示汇报。本步骤结合新课程"三维目标"，为学生自由展示自己的所学、所思、所得，设置三个平台：基础知识展示平台、能力技巧展示平台、延伸升华展示平台。

双基展示平台：主要在小组内同学之间对所学的基础知识互相展示、互相切磋，达成共识。这是以生生互动为主，师生共同参与课堂交流，把课堂变成师生共同研讨问题的过程。课堂上生生之间、师生之间对学习的内容进行反复研讨，围绕教材的思路，一个个展示，答疑解惑，形成知识树。能力技巧展示平台：分为静态展示和动态展示两种。静态展示即学生经过生生互动后，进行归纳整理，将知识建构展示在黑板上或屏幕上；而动态展示则是学生互动后，归纳整理，用语言、表演或绘画等形式展示，这个过程展示的是学生的语言组织和表达能力、面对其他同学提出问题后的应对能力以及相应的形体和行为表演等。延伸升华展示平台：课堂的气氛热烈而不失和谐，以个人或小组为单位，回顾本节知识学习与掌握情况，在全班同学中展示和交流。以教材为基础，拓展、演绎、提升、变式，课堂可根据需要融合辩论、小品、课本剧、诗歌、快板、歌曲、绘画、戏曲等多种活动形式展现，实现学科无边界，各学科知识独立且相通。并通过形式多样的师生、生生的互动学习、感受交流，达到知识的迁移运用和新知识生成之目的。

（4）应用拓展。学生通过课堂学习，分享他人的成果，学习知识启迪智慧。教师根据教学目标，设计相应的检测题目进行达标检测，应用所学知识解决生活中的实际问题，体现知识来源于生活，应用于生活，达到学以致用的目的。同时根据所学知识进行拓展延伸，或引导课外阅读，或举一反三，或知识拔高……这一环节，用于衔接学习的第三阶段：课后——"行"。

《桥》的教学是这样践行"思"的四个环节的：自主思考——梳理故事情节，感受人物形象（自主完成）；和融交流——抓语言、动作、神态，理解人物形象（组内交流）；展示汇报——借助环境描写，凸显人物形象（小组汇报，教师点拨）；应用拓展——联系生活，情感升华（小练笔）。

3. 课后——"行"（10分钟）

"行"即对过去经历的再认识，是人的智慧和品格发展的一种最重要的方式。但由于它具有潜隐性和长期性，常常被忽略，在传统的讲授式教学中几乎没有一席之地。

我们设计"行"这一步骤，主要是让学生对本节课学习的回顾、总结和反馈，将"目标"落在实处，主要设置三个环节。

一是反馈检测。对预设的学习目标进行回归性检测，紧紧围绕"三维目标"以书面题卡检测和模拟现实生活实践检测，检测和评价自己本堂课的所知所得。

二是总结提升。通过教师的启发和学生的研讨，以学习日记的形式对本节课归纳梳理、综合小结，归纳所学，思考所得，反思知识与技能的生成与迁移，日记字数不限，低年级学生可采用学生说、家长写的方式完成。

三是知识实践。任意学科，学习的目的是学以致用。教师将课堂带至课外，根据教学设计实践性作业，让孩子们在巩固知识的同时，获取掌握知识的成就感。在设计实践作业时，可以一周一次，也可以一天一次，要融合一天、一周内各学科所学知识，使之成为综合性的知识实践。

和融课堂旨在学科与学科的深度融合，深化课程改革、构建高效课堂实践研究活动，是一项长期、艰巨而又系统工程，我们将以学习小组建设为抓手，构建尊重生命、关注发展、共同成长、有效高效的"和融"课堂。

参考文献

［1］沈海萍.语文现代课堂教学模式的构建策略［J］.科技信息，2007.

［2］陈启平.让数学成为学生最喜爱的学科：对于新课程实施中几个问题的再思考［J］.教学研究，2006.

（发表于《中小学管理》2021年193期）

《枫桥夜泊》教学设计

【教材简析】

《枫桥夜泊》这首诗是唐代诗人张继夜泊枫桥时所写。作者通过自己所见、所闻、所感，抒发了自己深沉的愁绪。此诗是七言绝句，寓情于景，运用对比的手法，以夜景的宁静、清冷与作者的愁怀相融合，完美地展现在读者面前，是一首情味隽永、意味深远的小诗。

【学情分析】

这首内涵丰富的小诗，对于学生，仅仅限于读正确和理解是不够的，我们还要努力实现从意义到意境、意蕴的跨越。学生已经具有初步的根据注释理解诗句意思的能力，但对诗境、诗情的领会还不够，所以我们一定要抓住诗眼，悟诗情，入诗境。

【教学目标】

1. 能正确、有节奏、充满感情地诵读《枫桥夜泊》。

2. 学会本课8个生字，理解由生字组成的词语，能够说出诗中所写到的景。

3. 对诗句的诵读感悟，体会诗中描绘的秋色和诗人抒发的感情。

【教学重难点】

重点：能正确、流利、有感情地朗读、背诵，能说出诗人的所见和所听。

难点：感受"钟声"悠远，从景中感悟"愁眠"。

【教学过程】

（一）激情导入，感受魅力

（1）请同学们欣赏一首歌（播放《涛声依旧》视频）。

（2）引出歌词中的两句（大屏幕出示）："流连的钟声，还在敲打我的无眠。尘封的日子，始终不会是一片云烟。"

生齐读。理解歌词中"无眠"的意思。

（3）简介寒山寺和寒山寺钟（大屏幕出示）（板题）。

（4）简介诗人张继以及古诗创作背景（大屏幕出示）。

（二）初读悟情，体会诗韵

（1）通读《枫桥夜泊》，要求读熟。

（2）指名读。正音：寒山寺（sì），师适时评价。

（3）师生合作朗读全诗（学生读前四个字，师读后三个字。调换顺序再读，师指导学生将声音拖长）

（4）齐读整首诗。

（5）有感情地读这首诗。（生读）

（6）对比朗读诗。

（三）品读赏析，感悟诗境

（1）默读，探究学习，小组交流：①找一找，诗的哪些字眼儿向你传递着这样的感觉和情绪？②诗人在这个晚上看到了一些什么？听到了什么？你可以在上面做一些记号。

（2）学生汇报。

（3）师小结。

（4）理解"对"的意思，学生小组讨论。

生汇报。师引导学生理解张继的愁绪。

（5）于是，情动于中而辞发于外，《枫桥夜泊》就这样诞生了！（音乐

响起，师范读全诗）

（四）拓读写话，深化感情

（1）（钟声悠悠响起）视频，学生写话。

（大屏幕出示）这钟声仿佛在说：张继啊张继……（生随着音乐，想象写话）（师巡视）

（2）学生汇报，师相机评价。

（3）师小结。

（五）回读延伸，迁移情感

（1）再次满怀深情地走进这首千古绝唱《枫桥夜泊》。（生齐读）

（2）加上表情，加上动作大声地吟诵。（生站起）

（3）拓展：这钟声穿越时空、穿越历史，在一代又一代的诗人笔下悠悠回荡。（大屏幕出示）

（4）师小结："寒山寺的钟声"还将继续悠悠地回荡下去。这就是经典！这就是文化！

【板书设计】

枫桥夜泊

唐　张继

愁眠

钟声

【教学反思】

运用信息技术，让古诗"春色满园"

古诗是中华民族的文化瑰宝，其语言凝练、意境深远，是语文阅读教学的重要组成部分。然而，古诗本身所蕴含的独特意境和优美韵味，却因受古今语言的差异性、学生知识面、生活阅历等因素的局限，古诗所表达的情感难为学生所感悟。讲得多，诗味则太淡；讲得少，味是浓了，只怕学生体会不透。那么如何弥补传统古诗教学的枯燥与乏味，使学生跨越千年时空，进入诗文意境，触摸诗文脉搏，倾听诗人情思，体会古诗神韵呢？信息技术集文字、图片、声音、视频于一体的表现形式，为古诗教学创造了良好的条件。将信息技术合理地运用到古诗教学中，既增强教学的直观性、形象性、生动性，又完美地展现古诗的艺术魅力，让诗情画意立体地凸现在课堂中。

（一）等闲识得东风面——创设氛围，营造古诗意境

《枫桥夜泊》一诗情境优美，丰富多彩、深邃的意境能让读者产生无限空间的遐想，运用音乐创设氛围来感受诗中意境，是一种行之有效的方法。

课堂一开始便创造情境，播放现代歌曲《涛声依旧》，出示歌词"流连的钟声，还在敲打我的无眠。尘封的日子，始终不会是一片云烟"，由无眠，提到钟声，介绍寒山寺，告诉学生，这首歌词是由一首描写寒山寺钟声的诗改编的，进而了解作者及写作背景，恰当地使用多媒体创设情境，导入新课，如行云流水，娓娓道来。在教学诗人看到了江边的枫树时，播放音乐渲染气氛，让学生闭上眼睛，想象画面。这样在音乐声中学生很容易体会在落叶飘零、江枫瑟瑟时诗人的情感。

教学中多处借助音乐调动情感，烘托、渲染诗歌的情景，营造古诗的氛围，有助于学生理解诗文。

（二）柳暗花明又一村——品词析句，唤醒古诗意境

叶圣陶先生说："文学这东西，尤其是古诗，不但要多形式朗读，还要综合地感受，用心地品味。"在教学过程中牢牢把握住关键诗句、重点诗词，反复品味。

这节课从初读古诗，读出诗韵；到品读诗句，感悟诗境；再到回读延伸，深化感情，都注重学生的朗读指导，采用了形式多样的方法，个别读、自由读古诗，配乐读古诗，师生合作读古诗，表演读等，让学生在反复的吟诵中，理解古诗，唤醒古诗的意境。就这样带着学生由浅入深，渐渐进入诗中，再现了诗人当时的情境，使学生像"诗人一样"，去看，去听，去体会，去感悟，师生在情境中反复引导吟诵"姑苏城外寒山寺，夜半钟声到客船"，把学生带入"愁眠"的意境。通过抓住诗中重点字——"对"的理解，进一步感悟诗人的"愁眠"。

（三）一枝红杏出墙来——提升内涵，再现古诗意境

叶圣陶曾说过："诗歌的讲授，重在陶冶性情，扩展想象，如果抓住精要之处，指导写一两句话，也许就够了。"语言凝练的诗词，为学生提供了丰富的想象空间，教学中应创造性地由表及里、因景析情，开拓诗的意境，利用多媒体创设情境，引导学生再现生活场景，对没有写的或没有直接写的内容进行有针对性的补充。

在教学中设计了听着悠悠的寒山寺钟声，想象在这个夜半时分，钟声穿过枫林，贴着水面，来到了张继的客船之上，似乎在对张继说些什么……让学生展开想象的翅膀，写写钟声的诉说。此时此刻，学生化身寒山寺的钟声。你来到客船，想对孤独的张继说些什么？对寂寞的张继、对忧愁的张继说些什么？让学生随着音乐，想象写话。这一写话练习让寒山寺的钟声在学生的心灵留下了深深的烙印。

语文教学不能仅仅局限于课堂，而应拓展开去。课尾用课件出示关于收集的钟声的诗句，让学生读（宋）陆游《宿枫桥》、（元）顾瑛的《泊阊门》、（明）高启《泊枫桥》、（清）王士祯《夜雨题寒山寺》。使这寒山寺的钟声穿越时间的回廊，久久回荡在学生的心头。小小一首诗的教学中，穿插了从古到今多首关于"钟声"的古诗，丰富了课堂的文化内涵。

信息技术的运用为古诗教学提供了极大的便利，使枯燥的古诗教学变得生动有趣。让一首首好诗像一串串快乐的音符，流进学生的心田。但多媒体技术和古诗教学的"联姻"，一定要注意"婚检"，否则就容易出现"畸形儿"，这是由古诗这种特殊的文学样式所决定的，教师对此要保持审慎的态度。许多有识之士指出，古诗的教学朗读是基础，感悟是关键。在这样的教学观念指导下，因"材"施教，灵活运用。适合则用，不适合则不用，决不能让多媒体替代教师应有的创造性工作及教师在课堂教学中的主导地位。

如果说古诗课堂教学是一朵绽放的花蕾，那么多媒体就是油然的绿叶，

如果说古诗课堂是万紫千红的霞天，那么多媒体便是湛蓝深邃的蓝天，将抽象的、久远的、枯燥的诗词变得具体的、形象的、可感的，让学生在身临其境中发现美、欣赏美，享受挥洒才思的愉悦与幸福，学生才能在古典诗词的殿堂中自由飞翔。

《自己去吧》第二课时教学设计

《义务教育语文课程标准》指出："语文课程应该是开放而富有创新活力的，应拓宽语文学习和运用的领域，注重跨学科的学习和现代科技手段的运用，使学生在不同内容和方法的相互交叉、渗透和整合中开阔视野，提高学习效率，初步获得现代社会所需要的语文实践能力。"

【教材分析】

《自己去吧》是一篇优美的童话故事，有普遍的现实意义，并且语言有童趣。课文以对话的形式讲述了小猴学会爬树、小鸭学会游泳、小鹰学会飞翔的故事，告诉我们不要事事依赖他人，只要相信自己，勇敢地去实践、去锻炼，就能学到本领。

【学情分析】

新疆一年级的小朋友刚入学不久，听懂普通话尚有一定难度。他们遵守纪律，但不敢举手，胆怯，不敢大声说话。

【教学目标】

1.认识生字"您"，会用"您"练习说话；会在田字格里书写"您"字。

2.能大声、正确地朗读课文。

3.会用"学会了"说一句完整的话。

【教学重难点】

重点：①分角色进行对话练习。②会用"学会了"说一句完整的话。

难点：展开想象，能根据情节拓展说话或写话的练习。

【教学准备】

课件，动物头饰。

【教学过程】

（一）创设情境，激发兴趣

（1）有一座美丽的大森林，里面住着许多可爱的动物，小朋友们，想不想去看看？让我们坐端正，开始我们美妙的森林之旅啦！（出示配乐森林图）

我们来到了森林，动物们举行了盛大的运动会，获得游泳冠军的是小鸭，飞翔冠军是小鹰！让我们掌声请出它们。（张贴动物图片）快跟它俩打声招呼吧！

（2）它们是怎样学会这些本领的？这节课，我们继续走进美丽的童话《自己去吧》，请同学们翻开课本第17页，跟老师书空课题（师板书课题，生书空），同时学生字"自、己、吧"。读题，再讲解。

（二）入情入境，认读字词

（1）让我们自己先去森林玩吧，大森林里可美啦！快看！这是谁呀？（小猴）它怎么啦？（课件声音：小朋友们，大家好！你们愿意帮帮我吗？如果你们能读出这些词，我就能过河了。）愿不愿意帮助它？

（2）齐读，正音（有拼音的，去掉拼音读）。

（3）小猴：你们是识字的高手，谢谢你们啦，再见！

（三）细读文本，体验悟理

1. 走进小鸭，体验角色

（1）告别了小猴，我们继续往前走，我们看到小鸭和妈妈在溪边散步，（出示课件：小河边的景色图）多美的景色呀！我们看到了什么？学生回答。（你真善于观察！你有一双发现美的眼睛！你观察得真仔细！你真是一个细心的孩子。）我们连起来说一说。

（课件出示句式）这里真美啊，有＿＿＿＿＿＿，有＿＿＿＿＿，还有＿＿＿＿＿＿。

（2）教师总结并过渡：是啊，小鸭看见清清的溪水，哗啦啦流着，美丽的花儿、绿绿的小草，在微风中摇着头，开心极了！心里痒痒的，他想对妈妈说什么呢？（出示课件小鸭话）

请学生读：（这只小鸭对妈妈说话可真有礼貌，还用了"您"呢！）怎样记住这个字？（字形）我们用心来称呼对方，对爸爸妈妈、叔叔阿姨、爷爷奶奶都可以用"您"。谁能用上"您"，跟老师说句话。比如说："老师，您好！"（你说得真好听，甜到老师的心坎里啦！）

小鸭这么有礼貌地对妈妈说话，其实就是想去游泳。谁能把小鸭非常想去游泳的心情读出来。

师：想让妈妈带你去，是不是得对妈妈说好话啊？再来一遍。

师：谁想学小鸭对妈妈说？如果我就是鸭妈妈，你会怎么说？

生1：妈妈，您带我去游泳好吗？

师：我的孩子真乖，坐下！

生2：妈妈，您带我去游泳好吗？

师：你得让妈妈听了高兴，妈妈才能答应你啊！再读一次好吗？

生2：妈妈，您带我去游泳好吗？（学生看着教师的眼睛说）

师：孩子，听了你的话，我真想带你去游泳。

（3）鸭妈妈答应了吗？请大家读读这句话。我现在就是鸭妈妈，（教师戴上头饰）你们是小鸭，请听我说。（教师范读）

听出来了吗？想一想，为什么我不愿意带小鸭去呢？

（4）发言，小结：水不深。

即使溪水不深，但是有妈妈陪着也更快乐呀！多么狠心的妈妈呀！难道它不疼爱自己的孩子吗？不愿多给孩子一些快乐吗？

哪个小鸭来说说？来听听鸭妈妈是怎么说的。出示鸭妈妈的话：孩子，我不是不爱你，我这样做是为了锻炼你生活的本领。我们的身体扁扁的，身上有油，脚趾间有蹼，放心去游吧！

（5）听了鸭妈妈的话，小鸭下定决心来到小河边，看着哗啦啦的溪水不停地流着，第一次下水游泳，你害怕吗？这只小鸭你说说。

（6）小鸭可勇敢了，来看看它学会了没有，学生齐读最后一句。（板书：学会了游泳）尽管有很多困难，但小鸭通过自己的努力，最终学会了游泳，它的心情怎样？（高兴）让我们带着高兴的语气齐读这段话。（出示）

（7）小结：小鸭学会了游泳，和妈妈在水里开心地游来游去！来，让我们在音乐声中自由自在地游吧，你爱怎么游就怎么游。

2. 课中休息

播放视频：母鸭带小鸭

过渡：游累了就坐下来休息一会儿吧！我们继续森林之旅。走着走着，有一个小朋友这样对老师说（课件出示画面及文字：老师，您带我们学习小鹰学飞翔的故事好吗？）指名读。猜一猜，老师会怎么说？（自己去学吧）你真是老师的小知音！那我们就自己学小鹰学飞翔的故事。怎么学呢？

3. 走进小鹰，自主探索

请看学习提示一：

1. 画一画：小鹰对鹰妈妈说的话画上"_____"；鹰妈妈回答的话画上"～"。小鹰学会了什么，用"（_____）"标出。

2. 读一读：同桌分角色朗读。

3. 演一演：戴头饰上台表演。

学生汇报学习结果，背诵指导。教师出示：小鹰说："妈妈，我想去山那边看看，_____?"妈妈说："山那边的风景很美，_____!"过了几天，小鹰学会了_____。（先出示有字，再去掉部分字读）

（四）拓展延伸，激活思维

过渡：小朋友们表演真精彩，来，把掌声送给他们！还记得我们在森林里帮助过的小猴子吗？他到了岸上，和妈妈在一起啦！请看。（课件）

1. 小猴看见满树红红的果子，口水都流出来了。它想去摘，可是不会爬树。它会跟妈妈说什么？妈妈是怎么回答的？它学会爬树了吗？小组讨论交流，然后完成学习提示二，不会写的字用拼音代替，还不会写，就把心里想的说给同桌听。

2. 生答。出示：学习提示二

（1）想一想：小猴会跟妈妈说什么？妈妈是怎么回答的？它学会爬树了吗？

（2）写一写：小猴说："_____?"妈妈说："，_____!"过了几天，小猴学会了_____。（学生齐读）（板书：爬树）

（3）愉快的森林之旅结束了！（教师指着板书）在森林里我们看到了小鸭学会了_____，小鹰学会了_____，小猴学会了_____。动物们真有本事，我们小朋友可不能输给它们，这节课我们学会了什么或者最近你学会了什么呢？板书（我们）

生答。（板书：_____、_____、_____、_____、_____）我们比动物们更能干，学会了这么多本领！

（4）是呀，一些力所能及的事只要我们愿意努力去学就一定能学会的！记住：我们已经长大了，自己的事情自己干，这首儿歌送给大家。

妈妈别帮我穿衣，爸爸别帮我穿袜，爷爷别帮我洗脸，

奶奶别喂我吃饭，我都已经长大了，自己的事情自己干！

【板书设计】

自己去吧

小鸭		游泳
小鹰	学会了	飞翔
小猴		爬树
我们		……

【教学反思】

落实语用，提高课堂效益

《自己去吧》是新疆教育出版社小学《汉语》一年级下册第4课的第二篇课文。这是一篇优美的童话故事，有普遍的现实意义，并且语言有童趣。课文以对话的形式讲述了小鸭学会游泳、小鹰学会飞翔的故事，告诉我们不要事事依赖他人，只要相信自己，勇敢地去实践、去锻炼，就能学到本领。故事情节很简单，基本上没有学生读不懂的词句。因此，课前我做了如下思考：

（1）低年级的语文教学不宜对课文逐字逐句分析，只需要让学生从整体上感知课文，在朗读中体会语感。

（2）大胆地让学生读，采用多种形式的读。读过以后通过教师引导，学生能继续从读中理解、体会，自己解决问题。

（3）媒体创设情境，展示学生可能没有见过的感性材料，丰富学生的生活经验。

（4）表演朗读能最大限度地展示学生的表现力，激发他们的学习热情。

（5）学生能力存在差异，理解程度会不同，应该认同阅读和认知个性。

本节课的教学中，我始终围绕这些教学思想来组织教学，努力体现《义务教育语文课程标准》所提倡的尊重学生的独特感受，把读书和思考的权力交给学生，让学生在宽松的学习环境中感受学习语文的乐趣。反思这节课，我努力体现以下几点。

（一）读中感悟，合作交流

一年级的朗读指导举足轻重，教师必须充分发挥主导作用，点拨引导于关键处，丰富学生的内心体验，在自主感悟中循序渐进地提高学生的朗读水平。教学中，我采取以读带讲的方式，以学生为主体，注重创设情境，引导学生批文入情，在读中体验角色感情，身临情境，产生共鸣。引导朗读小鸭说的话时，让学生在读中体验到小鸭很有礼貌，让学生读出小鸭急切的心情。还提供了合作学习的平台。同桌互相"说一说""读一读""演一演"等情境的创设，激发了学生自主学习、自我表现的欲望。

（二）既学语文，又学做人

语文课程的特点是工具性与人文性的统一。这就要求我们在教学中不仅要对学生加强语言文字训练，同时融入思想教育。教学小鸭学游泳这段时，我通过课件出示句式：这里真美啊，有_____，有_____，还有_____。认识"您"字，并用"您"练习说话。及时抓住教学中各种有利的契机，有针对性地安排观察、审美和口语交际练习，这是口语交际教学的一条有效的途径，要求把话说完整，为二年级学习写话做准备。整堂课贯穿了"学会了"，由小鸭学会了游泳、小鹰学会了飞翔、小猴学会了爬树，到学生自己说这节课学会了什么，送给小朋友儿歌，让学生学会自己的事情自己做，教育学生做人。

（三）巧妙设计，生成资源

《义务教育语文课程标准》指出："语文课程应该是开放而富有创新活力的，应拓宽语文学习和运用的领域，注重跨学科的学习和现代科技手段的运用，使学生在不同内容和方法的相互交叉、渗透和整合中开阔视野，提高学习效率，初步获得现代社会所需要的语文实践能力。

"自己去吧"是课文贯穿始终的主题，当学生学完了小鸭学游泳这部分内容后，因为两段话的结构相同，为了引导学生比较独立地学习第二段，体现让学生自己去学，我引入了一个小朋友，她有话想对老师说，鼓励学生自己去读小鹰学飞的故事。同时，在这一教学环节里，为了积累语言，我安排了背诵练习。然后出示小猴的故事，结合本文特点，创新了一个与课文结构和主题相同的新的段落，拓展了课文内容，丰富了课程资源。

（四）注重整合，提高效率

针对课标提出的"注重现代科技手段的运用，使学生在不同范围内通过方法交叉，在渗透与整合中开阔视野，提高课堂效率"，我用多媒体来创设情境。整堂课设计为带学生去大森林里游玩，边玩边学。未成曲调先有情，接着安排帮小猴过河的游戏以巩固生字词，生动的画面活跃了气氛。鸭妈妈说话配音这一环节的设计又促使学生较轻松地进入角色，让学生乐此不疲，争先恐后地参与学习，也使其语气、语调更加贴切，调动了学生的多种感官，为语文增添了趣味性，提高了课堂效率。知识的传授注重阶梯性，由易到难，由"扶—放—创"，层层递进。重点引导学生学习小鸭学游泳的故事，互换角色，品读感悟，然后放手让学生自学"小鹰学飞翔"的故事，通过"画一画""读一读""演一演"，让学生参与其中、乐在其中。最后创造性地设计"小猴学爬树"的故事，通过"想一想""写一写"加大难度，不但要展开想象的翅膀，还要能学以致用，自己写出话来，由知识的学习、方法的掌握过渡到能力的培养。这些环节充分体现了学生学习方式的转变，张扬了学生的个性，培植了创新的幼芽！

课堂是永远遗憾的艺术。说得好不如上得好！正像丹尼斯·威特莱所说："只要你还嫩绿，你就会继续成长；一旦你已经成熟，你就会开始腐烂。"因为我还嫩绿，所以希望"当局者迷，旁观者清"的老师们多提宝贵意见。谢谢！

《伯牙鼓琴》教学设计

【教学目标】

1. 激发学生读古文的兴趣。

2. 利用"学思行"和融课堂模式，掌握将古文改写成一个动人的故事的方法。

【教学重点】

掌握将古文改写成一个动人的故事的方法。

【学情分析】

学习文言文对学生的可持续发展来说是重点，也是难点，如何突破？这次授课的班又是一个我没有任教的班级，据了解，他们的语文老师对文言文教学依然是采用传统的教学方法，即读文、背文，查资料翻译，背翻译内容，记每个字的意思。如果这样上，对于不是他们语文老师的我，学生可能理都不理我。如何吸引学生？我想，结合学校打造的"学思行"和融课堂模式，再让学生掌握一些方法，将文言文变成一篇现代美文，学生可能会易于接受。

【教学准备】

课件。

【教学过程】

（一）引：另类招呼，入情入境

（1）与君乎初相识，犹如乎故人归。幸会，幸会！

（2）对1401班百闻不如一见，久仰，久仰！并鼓励学生行中国古人之谦逊之礼，回答："过奖过奖！"

（二）引出课题，了解节奏

（1）揭示课题，板书课题。

（2）理解"鼓琴"，读题，并读出节奏。

（三）学：初步读文，解析背景

（1）自由读文，结合注释，说说课文讲了一个怎样的故事。

（2）用自己的话汇报，强调结合课文，结合注释。并告诉学生这是译文，是一个故事。（板书：译文，一个故事）

（3）了解故事背景：伯牙、子期何许人也？引导学生通过图片中两人的服饰和课外知识猜测他们的身份。并引导学生根据课外知识猜测、想象：他们身份有别，如何相识？

（4）告诉学生这就是故事的背景。（板书：故事背景）

（四）思：多面诵读，悟出古味

1. 深入读文

（1）划分节奏，试读第一句节奏。

（2）拍桌子打节奏，读出中间部分节奏。

教师带读——学生自读——齐拍节奏读。

（3）rup读（插入微视频rup）。

听——自由跟读——展示。

（4）仿照古文，节奏读文：配古琴乐读，摇头晃脑读。

2. 课堂检测

检测一：填空背诵。

检测二：配乐背诵全文。

检测三：拓展填空。

伯牙鼓琴仅仅是志在泰山、流水吗？他们之间还可能弹奏什么？你能模仿课文试着说一说吗？

伯牙鼓琴志在……钟子期曰：善哉乎鼓琴，乎若。（板书：合理想象）

3. 想象补白

（1）根据故事发展，讨论交流：钟子期死，伯牙如何得知子期死讯？我们来做一回编剧，补白当时场景。

（2）学生补白。（板书：场景补白）

（3）教师情景补白，吟诵最后一句。

又是秋天，秋风瑟瑟，世上再无子期，伯牙形单影只，悲从中来。

又是冬天，北风呼呼，世上再无子期，伯牙面对万物凋零，悲痛欲绝。

又是春天，杨柳依依，万物欣欣向荣。可世上再无子期，伯牙肝肠寸断。

又是中秋，明月皎皎，月圆人未圆。可世上再无子期，伯牙老泪纵横。

4. 人物评价

读了这个故事，你怎么理解他们之间的情感？请学生对他们进行适当点评。（板书：适当点评）

并请学生读读其他诗人描绘他们之间故事的诗句。

钟期一见知，山水千秋闻。　　　　　　　　——孟浩然《示孟郊》

钟期久已没，世上无知音。　　　　　　　　——李白《月夜听卢子顺弹琴》

故人舍我归黄壤，流水高山心自知。　　　　——王安石《伯牙》

5. 方法指导，古今相融

（1）在译文之前加入故事背景，在伯牙与子期相处时加入自己的合理想象，在得知子期死讯前加入场景补白，最后适当点评，你看看这个故事和译文有什么不一样？

（2）召开小小故事会，看谁能成为本班的"故事大王"。

（3）指名讲故事并进行评比，引导学生说说前后的故事，哪一种要好

些？好在哪儿？（板书：动人的）

（五）行：方法实践，学以致用

课外作业：将《赠汪伦》改写成一个动人的故事。

（六）总结全文，情景再现

（1）总结方法，并引导学生去探索更多学古文的方法。

（2）情景再现：再会再会！

【板书设计】

伯牙鼓琴

故事背景

译　合理想象

+场景补白　＝　一个动人的故事

文　适当点评

……

【教学反思】

多面吟诵，古今相融，悟古言魅力

伯乐与千里马是互相成就，伯牙与钟子期是惺惺相惜，在《伯牙鼓琴》的教学中，我能引导学生理解伯牙与钟子期之间的惺惺相惜，让我与学生之间的关系如伯乐与千里马吗？执教之后，反思如下：

（一）必识庐山真面目，才知身在此山中——文本解读

《伯牙鼓琴》是部编教材语文六年级上册以艺术之旅为主题的第七单元的一篇文言文。单元的学习目标是：借助语言文字展开想象，体会艺术之美。而《伯牙鼓琴》作为本单元的第一课，故事短小精悍，又荡气回肠、耐人寻味，正是训练这一单元目标的好阵地！同时，伯牙的高超琴艺，能把感情融进乐曲中去，用琴声表达了他像高山一样巍然屹立于天地之间的情操，以及像大海一样奔腾于宇宙之间的智慧，琴技达到了炉火纯青的地步，而钟子期的情操、智

慧、音乐鉴赏能力均可以将文字与音乐相融合，感受文字的韵律美，想象文字背后的意境美。最后，借助"破琴绝弦，终身不复鼓琴""士为知己者死"，理解一种真知己的境界，理解《伯牙鼓琴》千百年来广为流传的魅力。

选编这篇课文的意图，一是让学生借助注释初步了解文言文的大意；二是让学生积累中华优秀经典诗文，感受朋友间相互理解、相互欣赏的纯真友情；三是让学生体会音乐艺术的无穷魅力。

（二）山重水复疑无路，柳暗花明又一村——设计理念

文言文是一种传承祖国灿烂文化的载体。对学生来说学习文言文的可持续性是重点，同时也是难点。如何突破这个重难点，我一直苦苦思索。传统的教学方法就是读文、背文、查资料翻译，背翻译，记每个字的意思，如果这样下去，学生自然而然将学文言文当成了苦差事。因此，我一直想突破这个难题。本设计的灵感来源于我的一个学生。当时，我教四年级，学的是一则现代文所译的寓言《滥竽充数》，那天早上，那个学生突然在读《滥竽充数》的古文，我想，既然学生感兴趣，我何不让学生将它们结合起来学习呢？从此以后，只要是来源于古文的文章，我都会先进行古今对比阅读，后来，当碰到文言文时，我突然来了灵感，可以让学生掌握一些方法，将文言文变成一篇现代美文，本课的教学设计就这样产生了。当然，读是文言文教学的生命，我借助文言文文本的特征，在教学中重点指导朗读和背诵，多方面、多层次地读，利用我校"学思行"和融课堂模式，引进rup读出节奏；模仿古人，读出韵味；采用情景引领，读出情感。然后拓宽思路，注重想象，带领学生去诵读、去想象、去写作，让学生体验到学习古文的乐趣，并在古文与现言之间架起一座桥梁，让孩子们沉浸在改写的乐趣中。

（三）教学相长非一梦，课上课下仍迷茫——教学目标

根据新课程标准的要求，结合本单元的训练重点及个人对文言文的一些探索，我确定了如下两个教学目标：

（1）多面诵读，了解古人的诵读方式，力求达到情境与吟诵合一。

（2）掌握一定的方法，能将文言文改写成一个动人的故事。

对第二个教学目标我现如今仍处在迷茫中，对于这个目标不知学生能否达成，对他们今后的古文学习是否有帮助？因为本堂课时间有限，展示的只是小部分作品，仍有大部分孩子在完成过程中。特别是对于一些潜能生，本身古文是难题，作文更是他们的苦，两难相遇，是化难为易，还是难上加难？还不得以见证，当然，在今后的教学中，我们团队会在"理论→实践→理论→实践……"中周而复始，做到"没有最好，只有更好"！

（四）路漫漫其修远兮，吾将上下而求索——教学过程

结合文本解读、设计理念、单元目标、课时目标，教学过程设计如下。

教学需要的是扎扎实实，来不得半点虚假。在学生学会方法的同时，我还会让学生再一次尝试。

因为这是一种尝试，教学过程也没有达到最理想的境界，这样的设计对于刚接触古文的孩子们来说有难度，因为想得容易，做起来难，因此说教学过程，我总结是"路漫漫其修远兮，吾将上下而求索"。

文章不是无情物，字字句句吐衷肠。中华文化源远流长，对文言文的教学，我们仍在探索。

《两小儿辩日》教学设计

——无边界教学课例设计

【融入学科】

美术、音乐、舞蹈、科学。

【教学目标】

通过理解课文内容，将无边界课程的理念全面落实于课堂教学实践中，提升学生综合素养。

【邀请教师及准备】

1.画孔子及两小儿画像。（美术教师唐毓宏）

2.给课文配乐，说唱。（音乐教师唐娜蓉）

3.找天体运动视频，讲解相关天体知识。（科学教师付清玉）

【教学重难点】

理解两小儿辩斗的内容，提升学生美术、音乐、舞蹈等素养，激发学生乐于探索的科学兴趣。

【教学过程】

（一）课前准备

音乐起，学生做孔子操："子曰：学而时习之……"唐老师在背面板画孔子画像。

梁：同学们的礼仪操做得真好！声韵相和，婀娜多姿。那你们对孔子有哪些了解呢？（他是……）

梁：他知识渊博，被后人尊称为孔圣人、至圣先师等，还被列为"世界十大文化名人"之首。我们来看看他的画像。

（二）板画

唐毓宏：同学们，你们好，我是你们的美术老师——唐毓宏老师。

老师的画法叫线描，就是用简单的线条来勾画人物。古人的穿着和打扮和我们现在是不一样的。他们的头发是扎在头顶的，是一个发髻，他们的衣服是宽袖、交领的，袖子边上还有些花纹。小孩子的衣服也是宽松型的交领，裤子的裤管很大。现在，我要请一个同学来将旁边这个小孩补画完整，让他也活起来。

1. 学生画

唐毓宏：学得真不错！

梁：画得和你一样可爱。谢谢你，也谢谢唐老师！今天，他们俩为了一个问题而争辩起来了！（板书：两小儿辩日。）

梁：同学们齐读课题——两小儿辩日。

梁：听听他们在辩什么。

梁：听不出来，我们再来读。

梁：他们在辩什么？

生：太阳到底是早上离我们近，还是中午离我们近。

梁：再读，借助注释，读懂句意。读后思考。

（梁举手示意学生回答）

生：一个小孩认为，太阳早上的时候离我们近，中午的时候离我们远。

梁：你带领同学们读读这个句子。（你能用自己的话说一说吗？）

梁：这个小孩的理由是什么呢？

生：因为早上的时候太阳看起来大如车盖，而中午时，就小得像个盘盂。你再带着同学们读读这个句子。

梁：真好，同学们，读中感悟，读中理解。

梁：另一个小孩的观点呢？

生：他认为太阳早上的时候离人远，而中午的时候离人近。

梁：你带着同学们读读课文中的这个句子。

生：我以日初出远，而日中时近也。

梁：他的理由呢？

生：太阳刚刚出来时，给人清凉的感觉，而到了中午时，就像把手伸进热水里去一样。这就是远的时候让人觉得清凉，而近的时候让人觉得热。

梁：你教同学们读一读这个句子。

梁：两小儿一个据视觉来判断，认为太阳早上离我们近，中午离我们远。另一个小儿则依据感觉来判断，认为早上的时候太阳离我们远，而中午时离我们近。

梁：所谓"学而不思则罔，思而不学则殆"。我们再读、再思。

梁：同学们，大胆地说说你的观点。

2. 学生各抒己见

梁：现在开始按观点换座位，凭视觉判断，和第一个小孩的观点一致的同学坐在老师的右手边，赞同第二个小孩观点的坐在教师的左手边，都不赞同的坐在这一行。

梁：到底谁的观点正确呢？有请我们科学组的付清玉老师为我们解答。

付清玉：请同学们看视频，

付清玉：同学们，其实不管什么时候，太阳离我们的距离都是差不多的，早上比中午看起来大，是我们的视觉误差。中午让人感觉热，因为此时太阳的照射时间长，地面温度上了，你们明白了吗?

梁：谢谢我们的小付老师。原来是这么深奥的科学知识呀！可那时，科学技术还没那么发达。故孔子——（生）不能决也！故两小儿笑曰——（生）孰为汝多知乎?

梁：笑罢，笑罢，活到老还需——（生）学到老啊！可见孔子：知之为知之——（生）不知为不知，是知也！

梁：我们再来解决诵的问题吧！

梁：孔子东游——（生）见两小儿辩斗有难度，我有更好的办法噢！（放音乐，唐娜蓉老师出场）

（音乐止）

唐娜蓉：同学们，这种音乐形式叫说唱。同学们喜欢吗？融入你喜欢的音乐风格，有助于我们记忆课文内容。哟哟，和我一起来。孔子东游——

学生听音乐自己试着说一段，教师指导。

梁：哟哟！今天学会了说RAP，非常感谢唐老师，这节课，我们就先上到这里。哟哟！下课！

【板书设计】

孔子（画）：?

一儿像旁：日始出时去人近　　　　　大如车盖

《桥》教学设计

【教学目标】

1.有感情地朗读课文，读好文中的短句。

2.通过情节、环境，老汉的神态、动作、语言等感受人物形象。

3.发挥想象，试着创编生活故事。

【教学重难点】

重点：通过情节、环境，老支书的神态、动作、语言等感受人物形象。

难点：发挥想象，试着创编生活故事。

【教具准备】

多媒体课件。

【教学过程】

（一）课前谈话

（1）玩玩"我猜你、你猜我"的游戏。

（2）读小说，谈小说，初识小说。

（二）导入——回顾阅读方法，激起学习兴趣

（1）回顾五年级上册第二单元——阅读策略单元：提高阅读速度，并提出要求，按照这样的阅读方法学习今天的课文。

（2）板书课题、读课题。

（3）出示本课学习目标：感受小说中老汉的人物形象。

（三）初读——梳理故事情节，感受人物形象

（1）回忆文中人物，找出小说主人公及老汉的多重身份。

（2）依托学习单，了解故事主要内容，梳理故事情节，初步感知老汉的人物形象。

小组合作，完成学习单（一）。

① 课文主要写了一件什么事？初步感知，老汉给你留下了什么印象？

② 完成填空：洪水（来临），（村民逃生）→洪水（　　），（　　）→洪水（　　），（　　）→洪水（　　），（　　）

（3）小组汇报，并了解小说的故事情节一般包括发生、发展、高潮、结局。

（四）再读——抓住语言、动作、神态，感受人物形象

（1）联系所学，回忆描写人物的方法。

（2）再读课文，完成学习单（二）。

用"﹏﹏﹏"画出描写老汉的语句，想想这是什么描写，围绕老汉你体会到什么，请在旁边做批注。

（3）汇报：我找的句子是……这是对老汉的描写。从中，我体会到老汉……

（4）结合人物语言、动作、神态，指导学生朗读，加深对老汉这个人物形象的理解。

（五）深读——关注环境描写，感受人物形象

（1）删去环境描写，与原文作对比，凸显环境描写的作用。

（2）找描写环境的句子，完成学习单（三）。

找出描写雨、洪水和桥的句子，画上"＿＿＿"，结合故事情节深刻感受老汉是一个怎样的人？请在旁边作批注。

（3）引读描写雨和洪水的句子，升华情感，师生情景合作读第7～23自然段，深刻感受老汉的人物形象。

（六）练笔——联系生活，情感升华

（1）深化主题。

（2）联系生活，学生练笔，完成学习单（四）（机动）。

即将离开女儿，奔赴武汉的党员医生……

武汉封城了，一片寂静。

今晚，我们家里也。

女儿妈妈："妈妈，您过两天再走吧！"

妈妈："……"

（3）梳理总结感受小说中人物形象的方法：留意人物的语言、动作、神态等描写，通过小说的故事情节，借环境描写来感受人物的形象。

（4）推荐阅读，总结全文。

【板书设计】

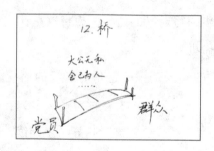

给予空间　超越认知

——再探"分段计费"教学片段与思考

解决分段收费问题的关键是理解题意，尤其是理解计费标准，所以对标准的理解也尤为重要。我们在教学时往往容易忽略"不足一吨按照一吨计算"这样的条件，只简单地要求学生用"进一法"，但是"进一"背后蕴含的是什么却没有深入探究过。如何引领学生超越已有认知，产生新的思考，得到新的收获？本课的探究目的在于让学生深切感受数学知识背后蕴含的生活实际。

【教学片段】

（一）制造问题冲突，深入体验分段

师：比较这两份收费标准，你能发现什么？

生：我发现它们第一段的算法不同。

师：哪里不同？

生：在第一段里，出租车按一个统一的价计费，是固定的，而水费则是按单价和数量计费。

师：好奇怪啊，为什么出租车要定一个固定的价格？

生：对于乘车的人来说不划算，这样的目的可能是希望短途乘车的人改为绿色出行。

师：大家都容易忽略的地方被你发现了！

师：还发现了什么？

生：未满1吨或1千米的都看成1。

师：平时都是用四舍五入法，为什么在这里用"进一法"呢？

生：也许他们想多收钱。

师：坐车的时候我们真的多付钱了吗？

生：我觉得多付了，坐车的时候多给了钱，比如……

师：原来，坐出租车不足1千米的路程我们也支付了1千米的费用，对于消费者来说，是多付了，但是对于司机来说，却能保证成本。那水费呢？

生：我觉得也多收了。

师：究竟是不是这样呢？我们来看一段新闻。（新闻略）

师：看来，这个月多收的水费并没有实际损害住户的利益，多收了钱的水可以留到下个月继续用。

（二）自制计费规则，创造数学模型

某单位5—6月水费情况统计表

时间	用水量（吨）	水费（元）
5月	38.1	100.8
6月	42	？

师：现在我们对水费收取的标准了解得更清晰了，6月份的用水量是42吨，那么水费是多少呢？

生：$20 \times 2 + 22 \times 3.2 = 110.4$（元）。

师出示6月水费112.2。

师：自来水公司给出的数字怎么不一样啊？难道是我们算错了？还是我们对收费标准理解不对？请大家大胆猜想，小组讨论一下。

师：我们通过比较，42吨水没变，第一段和第二段的单价也是固定的，为什么总价还是出现了差距？

汇报讨论结果：分段计费可能还有第三段计费标准。之前是因为条件不够，我们才算错了。

师：假如有第三段收费标准，那可能是从多少吨开始分段？

生：30吨、40吨……

师：5月份是38.1吨，我们是分成两段计算就正确了，6月份是42吨，却变成了有三段，你觉得第三段是从哪一部分开始的？

生：从40吨。

师：看！揭开标牌，现在这42吨水应该分成几段来计算？

生：三段。

师：这三段分别是少？

生：20吨、20吨、2吨。

师：这幅轴线图纵轴的数表示用水量，横轴的数表示单价（将纸条出示给学生看）。这三个方块表示这三段计费，宽度表示单价，高度表示用水量。谁能把它们摆到图中相应的位置？（学生操作形成模型）

师：看，这个模型像什么？

生：阶梯。

师：所以，我们把分段计费又叫作阶梯计费。

师：如果是从40吨分段，第三段的单价可能是多少呢？想办法把第三段的单价找出来。

学生汇报：$20 \times 2 + 20 \times 3.2 = 104$（元），$112.2 - 104 = 8.2$（元），$42 - 40 = 2$（吨）。

$8.2 \div 2 = 4.1$（元/吨）。

师：我们通过探究，自己把第三段的单价找了出来，为大家点赞！出示标准，完善收费标准。

（三）反思计费规则，提炼生活经验

某单位5—7月水费情况统计表

时间	用水量（吨）	水费（元）
5月	38.1	100.8
6月	42	112.2
7月	?	177.8

生：刚刚是由已知数量求总价，现在是由已知总价来求数量了。

师：请大家根据完整的收费标准算算看，7月份的用水量是多少吨？

学生汇报结果：（177.8−20×2−20×3.2）÷4.1=18（吨），18+20+20=58（吨）。

师：你们确定是58吨吗？有不同的看法吗？（PPT出示：57.4吨）

师：怎么回事？

生：我们又算错了？

师：177.8元一定是58吨的水费吗？

生：因为不足1吨也按照1吨计算，所以不一定是58吨。

师：我们算出的58吨是唯一的答案吗？

生：不是，还有可能是57.1、57.2……

师：由于不足1吨按1吨计算，所以这里只要用水量是超过57吨不超过58吨的收费均为177.8元。因此，我们的推算结果应该是在一个范围内，没法得出准确答案。

师：孩子们，咱们为什么这样制定计费规则呢？

生：水是一种不可再生资源，不能浪费水，节约资源是我们每个人的责任和义务。

师：几段价格中为什么第一段价格这么便宜？

生：应该是能使低收入人群用得起。

师：那为什么第二、三段定得贵呢？

生：为了鼓励人们节约，限制高能耗。

师：这几个价格区别怎么这么大呢？

生：用的不同，水费负担不一样。这样既能照顾到低收入家庭，又能限制资源浪费。

师：有没有可能出现第四段计费标准？为什么？

生：有！因为水越来越珍贵，这就促使人们需要更加节约资源。

师：目前没有，也许未来会有的。

师：如果我们不注意节能环保，地球上有限的资源就会像这个轴线图上的箭头一样被无尽地消耗。

师：其实，分段计费既是一种计算方法，也是一种生活态度。地球上人类可直接利用的淡水资源仅占全球淡水资源总量的0.3%，如果有第四段收费标准，你认为如何设计最为合理呢？

【教学反思】

虽然学生对"分段计费"问题具有一定的生活经验，但对于不同特点的"分段计费"问题缺乏整体认知，尚未深入理解，对于"分段"的意识不足，对于各区间计价特征的理解不够充分，这需要超越之前的认知，继续展开探索，进一步发展学生的思维。

通过探究水费与出租车费分段计费的异同，学生发现在第一段内，出租车按一个统一的价计费，是固定的，而水费则是按单价和数量计费。未满1吨或1千米的都看成1，平时都是用四舍五入法，在这里却用"进一法"，这些不合乎常理的地方的确超出了学生的认知水平，此处的问题和冲突是值得一探究竟的。

通过计算6月份的水费，学生发现条件不足，自己算的与自来水公司正确的总价不相等，从而促使学生去思考第二区间的终点在哪里？当区间明朗，就可以继续推出第三段的计费标准，继而形成阶梯计费的数学模型。这节课，学生的探究极具挑战，既能自己参与制定"规则"，又能通过抽象、建模，自己创造出水费函数图像，进一步形象直观地体会"分段"的内涵。

学生从中能体会到数学模型所体现的函数思想，纵轴表示水量，横轴表示单价，则代表水的矩形就应该成为"水的单价×数量=水的总价"，在图中横坐标有长短之分，相应的矩形就有"面积大小"的区别。教师尽可能多地给予学生深度的探究空间，在这样的课堂中学生更能够享受思考带来的成就感。

在设计过程中笔者逐渐发觉，分段计费并不仅仅是节制人们对资源的浪费。那么，制定并实行分段计费背后的意义是什么？为什么要制定如此复杂的收费标准？价格有几个而不是一个，为什么第一段价格便宜？而第二、三段定得贵？这几段价格区别为什么这么大？有没有可能出现第四段计费标准？学生学习该类问题时，如果不去深入地思考这背后的意味所在，那就仅仅只是停留在用数学方法解决问题的层面。只有他们真正地去思考、了解，才能明白这些问题不仅仅是"冰冷的数字问题"，而且是能够反映出我们的生活、我们的国家、我们这个世界是什么样，这是一面镜子。学生在经历计算和对标准的准确解读后，他们能够明白阶梯计价算水费的背后，其实既有人文关怀，也有对无节制消耗资源的行为的控制，理性却也充满人情。这样使得数学变得不再空洞、乏味，而是通过不断出现新的问题、不断涌现新的思考，给予学生合适的探究空间，让学生不断超越已有的认知，使数学学习更富有内涵和深度，更能贴近和凸显学科的本质。

（2021年6月发表于《湖南教育》）

专题讲座：数学，让学生说

在我们平时的教学中，有没有遇到这样一种困惑，我们一堂课的设计中，总有一种心理期待，希望所有学生都能学会，而且多种解法都学会，但是，这真的不太现实。我们总是问学生：听明白了吗？学生都说："听明白了！"就连一节课从头到尾走神的那一个，也把头点得跟打地鼠一样，生怕老师知道他没懂，是不是？其实我们心里比谁都明白，这是谁哄谁玩？学生哄教师，教师哄自己。老师还喜欢问："这题你怎么想的？"学生说我这么想的，教师说："噢！原来你这么想的，你真棒真棒！请坐。"又换一个，"你怎么想的，嗯，也可以。"……就这样一直找到我们心中的答案，教师这时可能还会说："看，今天你们想出了那么多办法，真棒！来，挑一个你喜欢的。"其实，这些想法是谁的？（教师的）而在大多数学生内心最后还是坚持自己的一种想法，为什么？源于固守、本能的排斥。

那么怎样能使学生在本能的排斥之后，还能学到别人的想法呢？

一、几何图

这个图里一共有多少个正方体？算一算。

谁听懂他说什么了？谁听懂他的想法了？

这个方法太麻烦，他就愿意这么想。所以各位，当一个人的想法和我们不一样时，要听懂别人难不难？这是相当难的一件事。尤其他的思路跟我们不一样时，听起来就更难听懂了。为什么没听懂？是因为大家听到和自己想

法不一样时，都本能地怎么样？（排斥）

等人家分析完了，你也迷糊完了，怎么办？再讲一遍？？想不想知道如何引导他们听懂？

我现在的做法是，进行追问："你听懂他说什么了？"这时学生无语了，是啊，刚才他说什么了？

教师是干吗的？教师的责任是把一个人的思维推向全班去研讨，教学最重要的一件事是顺势而为，顺学生思维之势，引导学生进行深刻的思维，这就是教师的责任。教师的责任还是把一个人的想法变成全班的想法去研讨，然后，我们每个人都设身处地地从他人的角度去思考他的想法。

二、分享学生的智慧

为什么叫分享学生的智慧？是不是同样的道理，大多数人遇到和自己的想法不同时都会怎么样？会本能地排斥。

你看，刚才大家讨论老师的想法，各种答案，不管对错，68、74、76……先激起大家的猜测，然后通过理清个人的思路，我们一起把图形的结构理清楚，这就是这件事情的价值所在！我们做这件事本身就是有价值的，我们做很多事，都要学会做价值判断，而不要做对错判断。

整理各种算法：

1. 先外再内。$20 \times 2 + 10 \times 2 + 2 \times 4 + 8 = 76$

2. 先算8个顶点，再算连接。$8 \times 8 + 4 \times 3 = 76$（一层一层算连接）

3. 上下层、中间层。$32 \times 2 + 4 = 76$

4. 哑铃。$17 \times 4 + 8 = 76$

5. 化零为整。

……

他说什么了？刚才他说什么了？我这不是随便叫，为什么叫他，一定是有原因的，我一定是看到了什么才叫，我的任务是什么？就是看清每个人的情况。

教师是干什么的？不是讲那点知识的，那没什么可教的，何况你也不可能把他们全教会。你就是应该发现每个人的想法、每个人的神态、每一个人的不同。

在很多情况下，每个人都有不一样的困难面，就拿我来说吧，我最大的困难就是选择恐惧，我常常网购一大堆，有时候甚至是同款不同色，然后一件一件挑，问问我老公，问完再问问闺蜜，哪件好？这下应该好了吧？不是，其实到最后留下的并不是他们喜欢的，但我下次还会这么问。

所以，每个人都有他的盲区，不同的盲区。课堂上每个人的理解点也不同，所以，我们要关注什么？上课的目的是什么？（我们一定要面对中等、中等偏下的学生，我们的学习是为谁服务的？不是为学优生服务的，学优生早就在预习时学会了，一定要让中等、中等偏下的学生，让那样的学生有所得。）

课改到今天，我们别说谁的观念新、旧。下课什么情况下最高兴？（学生听懂、学会）什么时候最生气？（我说什么他都不懂）。有没有想过你涉及的面，叫一个中等偏上的学生，答对，又叫一个中等偏上的学生，又答对。那些学困生呢？

所以，每个学生进到教室前是有一个思维起点的，经过40分钟的"劳动"，是有一个思维终点的。起点到终点的差，是这节课的时效性，差越大，时效性越强。我们回顾一下，你每天的数学课，学优生的差是多少？中等孩子的差是多少？学困生的差是多少？学生的成长是由每一天的差组成的。

所以，任何一个环节都要思考：怎么样让中等、中等偏下的学生学会？那学优生是不是就陪着啦？学优生的培养是为提升存在的，我们刚才那么多想法，你们有没有提升？我们就是在读懂别人想法的时候得到提升。

有时候，我们提一个问题，你会有心理期待，可是只有一部分人会，你会再说一遍，听懂了没？多了几个，然后你就又说一遍，你说了三五遍，你会发现怎么样？（不见得多很多）教师可能就想：是不是我第一种方法没讲明白，那我换一种方法讲，又没明白，又换一种。你知道学生怎么想："老师，第一种还没想明白，第二种又来了，第二种没想明白，第三种又来了。"所以，明白没有，要么你就一字不漏地说5遍，要么你就问一个好一点的学生："刚才老师说什么了？"他就会把你的想法变成他的，他一说，你再问问，他说什么了？谁听清了？是不是这样全班就知道了。

所以，教师千万别想不通，我们备课时精心设计的问题，你一说出来，全班就齐刷刷地举手，现实吗？不是你的问题傻，就是学生哄你玩。所以，当学生听到一个问题时，他本能地排斥，然后慢慢地，哦，原来是这样的。

另外，教师上课时一定要放慢节奏。

举个例子，这星期上求经过时间，比如：

7：15～7：40　　　　6：15～6：50

7：20～9：10

我刚把题目写出来，一个学生轻声说："时间也是有退位的。"从价值上判断一下，有价值吗？当发现一个学生的思考有价值时，怎么办？顺势而为！！好，谁听见他说什么了？（时间也是有退位的）谁还听清了？（时间也是有退位的）来，互相说说，他刚才说了件什么事？这样，所有的学生都听见了：时间是有退位的。因为我要对这件事进行一次研讨，我就得让所有人听见，若是没听见还研讨什么？

现在明白了吗？只要你想研讨，你就得让全班所有学生都听见，才能研讨。所以，上课不是讲得越多越好，而是一段一段越深入越好。

然后，我就跟进，他是看到哪有退位的？（10-20不够减）然后，他说什么了？突出这个问题。一节课，就得这么上。

最后，这节课学了什么了？（求经过时间）求经过时间要注意什么？（时间是有退位的）退位时注意什么？这时，有个学生说："今天的退位和以前不一样。"这句话有价值吗？有价值怎么办？别着急，他说什么了？他说什么了？这句话要作为主要研讨。再追问："哪不一样？讨论一下。"（学生：以前是退1当10，今天退1当60）。

真正的课堂应该谁累？（大家累）我就在旁边问：他说什么了？谁听见了？谁听懂了？这时，看见一个学生走神，就问他："今天的退位哪不一样？"（以前是退1当10，今天退1当60）然后所有的人都在说这一句，你觉得这能学会吗？

所以，教师一定要放慢节奏，让什么样的学生学会？（中下）

回顾一下刚才的题，看到了吗？真正的算法多样化，一定是让每个人内心经历一个算法多样化过程。学生学习数学一定是开窍的，越学越聪明的。这样，学生的思维空间一打开，学生慢慢地就会越来越好。前面我们说的那些解法，我有没有叫你挑一个？但这些在你脑子里有没有？你自己知道哪种最好，虽然你出于本能最初想的不同。

其实，人最难改变的是谁？（自己）

第一，教师站在讲台上，能憋住不说，是相当难的一件事，尤其是看到学生说不流畅。

第二，对发言做价值判断，不是做对错判断。当然，得有做价值判断的能力。

只有这样，我们才能从固守中走出来，慢慢变得会思考。

下面，我要憋住不说，谁来归纳一下这节课的关键语？（他说什么了？谁听见了？）

今天的课一定要去实践，实践才能知道他的好。

基于翻转课堂理念的小学英语教学活动设计

一、设计简介

（一）介绍背景

《基础教育课程改革纲要（试行）》指出："改变课程过于注重知识传授的倾向，强调形成积极主动的学习态度，使获得基础知识和基本技能的过程同时成为学会学习和形成正确价值观的过程。"传统小学英语课堂教师教、学生被动接受的模式与小学英语课程标准的要求背道而驰。然而最初起源于美国的翻转课堂（The Flipped Classroom）理念，则是通过反转知识传授过程，扭转传统教学中的师生角色并重新规划课堂时间的新型教学形式，利用学生课前自主学习和师生课堂探讨的模式代替教师课堂讲解和学生课后完成作业，彻底推翻了传统教学的固有环节模式。翻转课堂让学生成为课堂的主角，学习成效在一定程度上得到了提升。

2011年以来，逐步被研究者及教育工作者熟知的翻转课堂成为热门话题，这种新型教学模式吸引了全球教育界的众多关注。由于该教学模式起初多应用于理工科课程，并且对于设备支持以及教师现代信息技术要求较高，我国还未大规模推行该教学模式。

（二）翻转课堂研究现状

1. 国外研究现状

随着翻转课堂的不断发展，与之相关的研究也日益增多，形成了一系列的研究成果，其主要议题集中在翻转课堂的内涵与特征、教学模式与实施策略以及与传统课堂的比较研究等方面。Bergmann和Sams在2012年出版的专著*Your Clasrom: Reach Every Student in Every Clas Every Day*中全面、系统地总结了翻转课堂的相关理论，与读者分享了实施翻转课堂教学的宝贵实践经验，该著作的出版标志着翻转课堂科研与教学掀起新的热潮；意大利学者Marco Ronchetti于2010年在*The VOLARE Methodology: Using Technology to Help Changing the Traditional Lecture Model*一文中重点探索了微视频代替传统教学所应采取的方法、策略以及产生的效果；美国教育技术专家Jeremy F. Strayer于2012年在*How Learning in an Inverted Classroom Influences Cooperation, Innovation and Task Orientation*中通过与传统教学方法的比照研究，证实了翻转课堂对培养学生合作、创新能力有显著的积极影响。

2. 国内研究现状

国内关于翻转课堂的研究起步晚、领域窄、成果少。在理论研究方面，张金磊等的《翻转课堂教学模式研究》以国外翻转课堂的教学实例研究为基础，系统地初步构建出翻转课堂的教学模型；金陵在《"翻转课堂"翻转了什么？》中提出，所谓"翻转课堂"就是"学生在课堂上通过教师引导、小组探讨完成知识吸收与内化，晚上在家利用网络资源自主学习新授知识"的教学模式；赵兴龙在《翻转教学的先进性与局限性》中重点探讨并分析了翻转教学变革的意义与局限，强调教师在翻转课堂设计与实施过程中应注意教学的适应性。

大量理论研究为实证研究奠定了基础。然而，目前国内关于翻转课堂应用于小学英语教学实践的实证研究正处于起步阶段。莫淑云、王灵芝等从小学英语课程的实践应用角度，提出翻转课堂以其"用视频再造教育"的理念、"人性化学习理论"带来了教育信息化的变革，认为由于小学生年龄小、自控能力差，微视频时间须简短，视频形式须情景化、趣味化；徐苏燕在《小学英语翻转课堂教学模式探究》中通过理论和实践研究，探索出适用于小学英语翻转课堂的教学模式，并充分验证了该模式的可行性；聂红在此基础上提出了创新的课堂教学流程：创设情境—小组合作汇报—提出问题—

小组合作探究—小结。这些先导性的研究推进了翻转课堂在我国的推广与实施，为国内相关的实证研究奠定了前期基础、指明了日后的研究方向。

综上所述，翻转课堂在国内的发展呈现增长趋势。但是，外语教学者与研究者认为翻转课堂是传统教学模式的颠覆，在运用于小学英语教学实践方面还存在诸多问题与不足，因此，对其具体实施依然有所保留。本设计将通过分析小学英语翻转课堂的教学活动实例、结合教学反思，综合探讨翻转课堂在小学英语教学实践中的可行性及必要性，为进一步开展数字化教学提供参考。

（三）设计目标

时下，翻转课堂成为全球教育界关注的焦点。这种新型教学模式在国外一些国家和地区日趋流行和成熟，国内一些学校也从理论学习阶段逐渐走向了教学实践，教师开始广泛关注如何在教学中更好地运用该教学模式，本文就小学英语翻转课堂的运用进行探索。

（1）通过分析翻转课堂在小学英语教学中的具体应用，发掘翻转课堂在小学英语教学中的适用性，培养学生建构知识框架、合作探究的能力，激发学生学习兴趣，提升学生学习主动性，提高学生学习效率。

（2）通过探讨小学英语翻转课堂教学设计的注意事项，阐述其可行性与必要性，力图构成一套完整、切实可行的小学英语翻转课堂教学设计模式，并加以推广。

（3）希望本设计能够促使更多的小学英语教育工作者与研究者更多地关注翻转课堂，提高自身现代教育技术能力，以适应新课程改革要求以及社会需求，不断推进小学英语教学的优化和发展。

（四）设计意义

新颖的翻转课堂教学模式，转变了传统的灌输式"教—学"的教学形式，重新构建了以学生为中心的"学—教"的学习过程，为小学英语教学革新提供了新的思路和视野，搭建了新的途径与平台。

（1）有助于增强课堂教学互动。师生共同参与教学活动，教师从旁指导、学生独立思考、小组合作学习，教师逐渐成为与学生互动交流的亲密搭档，教师愈加了解学生的学习情况及需求，有利于形成和谐的师生关系。

（2）有利于提高学生的学习效率。翻转课堂具有显著特点，课堂的自主学习既可以改变学情进度不一致的情况，又可以让学生有的放矢，在教学中合理利用有重要意义，能满足小学英语教学需求。

因此，小学英语翻转课堂的实证研究具有重要的现实意义。希望通过本设计，进一步挖掘翻转课堂在小学英语教学活动设计中的适用模型，让翻转课堂理念深入贯穿于新课改背景下的小学英语教学活动设计，推进教学改革。

二、翻转课堂相关理论界定

（一）翻转课堂的基本定义

英特尔（Intel）全球总监Brian Gonzalez于2011年在"英特尔一对一数字化学习年会"上说："颠倒教室，是指教育者赋予学生更多的自由，把知识传授的过程放在教室外，让大家选择更适合自己的方式接受新知识；而把知识内化过程放在教室内，以便同学之间、同学和老师之间有更多的沟通和交流。"

翻转课堂，又名反转课堂，顾名思义是将以往的教学与学习过程逆转，并让学生充分利用课外时间自主学习相关概念和知识，掌握教学重、难点，从而达成教学目标。与此同时，教师角色也彻底转变，为学生解答疑惑、组织课堂讨论及成果汇报，强化教学效果。

（二）翻转课堂的典型模式

1. 翻转课堂教学模式的建构

美国的Robert Talbert教授总结出的翻转课堂的结构模型图是以多年的教学积累为参考依据，简明介绍了翻转课堂的教与学的过程。

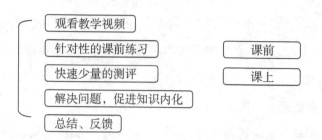

在Robert Talbert教授的模式图中能够看出，该方法更适合理科的教学，而语言的学习更需要体验、感知、交流、实践。

2. 适用于小学英语翻转课堂教学模式的建构

国内众多学者基于Robert Talbert教授的模式图，对翻转课堂进行了重构和创新，以期适应小学生英语学习的特点及需求。主流模式的思路均以教材各单元话题为主题模块，课前学生观看教学重点的微课视频及阅读相关主题模块资源，体会、理解学习模块的知识，完成教师预设的前置性作业，激活旧知，初步构建话题支架，发现困惑；课中学生分成学习小组进行交流、分享，在实践中学习，构建意义，最后师生共同归纳总结语言规律、拓展延伸知识点，真正实现知识的内化。

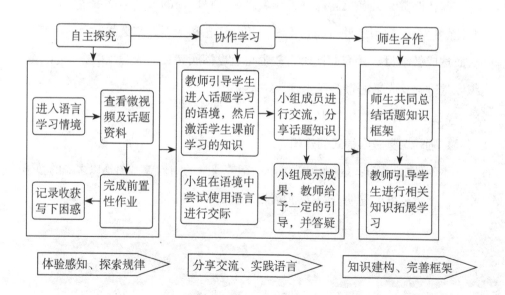

笔者在众多研究者关于翻转课堂教学模式流程构建的基础上，提炼、概

括出适合现阶段小学英语翻转课堂教学的步骤程序。

步骤一：体验感知、探索规律

（1）教师利用网络平台提供学生话题所需学习资源

教师利用网络平台向学生介绍学习任务和目标，上传与教学重点相关的图片、歌曲、音频等媒体语言资料，若学习内容较难，教师可制作目标明确、时间适宜、重点突出的微课视频。

（2）教师设计自主学习任务单

教师充分考虑学生的知识结构与学习能力，制定课前针对性练习，设计数量合理和难度适宜的习题，让学生获得成功感并体验到一定的挑战性，以此激发学生的学习兴趣。

（3）学生自主安排学习及练习

学生根据教师设计的学习任务单，自己把握观看教学视频的时间、节奏，初步形成话题支架，完成课前针对性练习，加深对重难点的理解，巩固学习内容。同时，在做练习的过程中发现疑惑并加以思索，可与同伴进行交流、讨论。

步骤二：分享交流、实践语言

（1）师生共同确定探究问题。

教师提出有关教学重难点的代表性问题，学生根据课前学习中发现的疑问及同伴交流中未解决的困难提出问题，综合确定课堂探究问题。

（2）学生独立解决问题。

在教师的指导下，学生根据自己的意向及喜爱自主选择相应的探究题目，并进行独立思考、解决，以便有效地内化知识，完善知识框架，从而系统地构建出自己的知识体系。

（3）开展协作探究式活动。

教师按照学生的特点进行分组，各组成员均需积极地参与探究活动，并且提出本人的观点及意见。通过小组成员之间的交流、合作、讨论达成预设的学习目标。教师需要在此过程中随时捕捉各小组的学习动态并及时加以指点。

（4）学生进行成果展示与交流。

分享、展示、交流及评论小组学习以及个人思考的成果与收获，采取的主要形式有演讲型、成果演示型、小型竞赛等。

步骤三：知识建构、完善框架

（1）教师归纳总结知识结构。

师生就小组交流、个人学习分享的成果进行归纳总结，帮助学生进一步完善话题知识的框架，促进学生对话题的掌握，加强内化深度。

（2）综合评价反馈。

教师、学生及家长同时参与学习评价，评价内容丰富、全面，既包括针对性练习的成绩、课堂独立解决问题的表现，又包含在小组合作探究中的表现、成果展示等多方面考评因素。

（三）翻转课堂理念对小学英语教学的启示

教学结构和教学方式的转变是翻转课堂与传统课堂在本质上的区别，这个转变可有效解决学生基础不一、学习能力不同的困扰。同时，也带来了教学方法的革新，翻转课堂变为学生探索问题、合作寻求解决问题的主要阵地。

对比要素	传统课堂	翻转课堂
教学结构	课堂：学习知识 课外：内化知识	课外：学习知识 课堂：内化知识、探究学习
教学方式	一对多统一教学	一对一个性指导
教学方法	填鸭式、灌输式	自主学习、合作探究
教学角色	学生：被动接受者 教师：知识传授者	学生：主动研究者 教师：学习引导者
教学评价	单一评价	多元评价

1. 实现教师和学生角色的转变

在翻转课堂中，教师幕后指导、学生台前实践的角色定位，实现了教与学的高效互动。一方面，翻转课堂在以下方面更加彻底地转变了教师的角色：

（1）教师由知识传授者变为学习引导者。

（2）由教学的主宰者变为学习的协助者。

（3）由教室的焦点转为教学活动的观众。

另一方面，学生的角色也发生了变更：

（1）学生由新授知识的被动接受者变为新授知识的主动建构者；

（2）学生由课堂教学活动的配角变为课堂主角。

2. 实现学习方式和学习理念的转变

翻转课堂不仅彻底打破了学习空间、时间的界限，更转变了学习方式和学习理念。首先，学习方式发生变化。学习不再是一个人的表演，而是一群人互动交流、合作讨论的集体演出，团队成员共同搜集资料、学习知识、讨论疑问，从而深化知识的理解与吸收。其次，翻转课堂理念彻底改变了学生的学习理念。随着信息技术的飞速发展，学生的涉猎范围不再局限于教材，学习的目的不再单单是为了提高成绩、获取知识，而是通过学习过程掌握学习能力，提升解决问题能力，形成良好的创新思维。

3. 实现评价目的和评价方式的转变

在翻转课堂中，评价目的和评价方式都发生较大变化。首先，评价目的的转变实现了"以评促学"。学习者之间通过评价反馈可以了解学习效果，教师通过评价能监控学生的学习过程及对知识的掌握情况。其次，评价形式更加多元化。改变了以往教师、家长只重视学习结果的一纸定成绩的终结性评价方式，开始更多地关注学生的学习品质和过程性学习任务的完成情况。

总之，倡导学生积极主动进行知识建构和自主学习的翻转课堂教学模式在信息技术支持下，为我们带来了耳目一新的教学改革思路，符合新课改的要求。

三、基于翻转课堂理念的小学英语教学活动设计

本设计以人教版（PEP）五年级下册Unit 2 My favorite season为例，从教学内容、目标、重难点、步骤、流程等方面介绍翻转课堂在小学英语教学设计中的应用。

（一）教学内容

本单元话题为"季节与气候"，主要教学内容是有关季节的单词与句型，让学生学会并掌握运用英语表达四季的变化，能够进行有关季节话题的探讨和交流。学生对于weather的认知和应用在四年级下册Unit4中已有初步接触。在五年级上册Unit 3有关食物的话题中曾学习过What's your favorite fruit? 相关句型，对本教学内容有一些前期知识的储备。

（二）教学目标

1. 知识目标

（1）能够听、说、读、写新授单词：summer，winter，spring，autumn，season。

（2）能够听说、认读新授句型：What's your favorite season?Which season do you like best? What's the weather like in...? Why do you like...? Because...。

2. 能力目标

（1）能够掌握并熟练运用"What's your favorite season? Which seasondo you like best? What's the weather like in...? Why do you like...? Because..."询问并表述最喜欢的季节及原因。

（2）提高学生沟通、交际能力，引导学生重视小组合作学习，培养学生学习英语的兴趣，使学生树立用英语表达的意识，能积极参与课堂活动。

3. 情感目标

（1）了解各地气候差异，掌握各地气候特点。

（2）培养学生良好的竞争意识与合作意识。

（三）教学重点及难点

1. 教学重点

（1）能够听、说、读、写新授单词: spring，summer，autumn，winter。

（2）能够听懂、会说新授句型：What's your favorite season? Whichseason do you like best? What's the weather like in...? Whydo you like...? Because...，并结合句型展开深入对话。

2. 教学难点

能够在真实情境中根据四季不同变化，熟练运用新句型：What's your favorite season? Which season do you like best?What's the weather like in...? Why do you like...? Because...。

（四）教学步骤

1. 课前设计

步骤一：观看新授教学视频

学生利用课外时间观看本节课视频，了解不同季节的天气特点。回答问题：Which season do you like best, spring, summer, autumn or winter?

设计意图：通过生动的教学视频，引起学生注意，让学生在图像中感知四季的不同，形成自己对于四季变换的初步认知，激活已有词汇和句型基础，从而引出本课新授词汇spring, summer, autumn, winter, season。

步骤二：自主学习话题资源

教师提供相关课件及资源，学生利用课外时间搜集资料，结合本地气候特点，灵活运用句型，正确表述四季天气特点。回答问题：What's the weather like in spring/summer/autumn/winter?

设计意图：通过激活学生已有生活经验，让学生在体验中直观学习新授知识，可帮助其进一步理解新授；同时，在教师提供的资源基础上，学生进行自主搜集、分析资料，能有效培养学生资料整理、筛选能力。

步骤三：完成自主学习任务单练习题

（1）头脑风暴（BrainStorm）。

四季都是变幻独特的存在，请结合四季的特征，在1分钟时间内将你所能想到的单词或者短语写下来，不少于4个。

spring　green　_____　_____　_____

summer　_____　_____　_____

autumn　_____　_____　_____

winter　_____　_____　_____

设计意图：通过有意识地多角度引导学生大胆想、大胆说，通过形式新颖的教学活动，避免了词汇教学的单一性和枯燥乏味，帮助学生开阔思路，调动旧知，从被动学习转变为主动学习，培养学生发散性思维和创造性思维，改善学习策略，提高学习质量。

（2）句子仿写（Imitative Writing）。

搜集资料，找到自己所喜欢的城市气候特点，与本地进行对比，根据已有的语言框架，结合自己所喜爱的原因，进行句子仿写。

I want to visit _____.

It is _____ in _____.

I can _____.

设计意图：通过句子仿写练习，及时为学生提供进行模仿和创造性运用练习的有效借鉴对象和创造依据，从而使语言运用练习成为有源之水、有本之木。并且，在仿写练习中，教师给出语言框架，学生可在其结构下，由旧知引新知，帮助学生形成语感，同时减轻句子书写难度，使学生体验学习的快乐。

2. 课堂设计

步骤一：确定问题，判断学情。

（1）判断游戏（MakeaJudge）。

T: Let's make a judge. Please say "yes, yes, yes", when you think it is ture. Say "no, no, no", when you think it is false.

A. You all like English.

B. In winter, it is cold. You like eating ice-cream.

C. In summer, I can go swimming.

D. I can fly kites inspring.

E. In autumn, it is cool.

设计意图：通过信息差游戏在拉近和学生距离的同时，可判断学生课前学习的成效，了解学情，为下面的课堂教学提供方向，进行重难点突破。

（2）自由对话（FreeTalk）。

T: We are talking about "seasons" today. How many seasons are there in a year? What are they? I like summer, can you guess why?

结合课前学习视频及资料，帮助学生散发思维，根据学情，选择性地呈现重点句型：In summer，it is...We...We like...。

设计意图：课堂教学活动的第一个环节，以确定学生在学习中存在的问题为重点，这样将有助于达成教学目标且针对性更强。

步骤二：协作学习，解决疑难

（1）对话操练（Practice & Talk）。

T: I like summer. What about you? What do you do on the hotdays?

教师预留足够的时间，让学生分组进行对话、交流。在表述过程中，教师要对发现的问题要及时纠正，关注内容的生成，对生成的新内容要进行恰当拓展，有效利用课堂生成。

设计意图：教师提供参考句型，但是不限制句型，这样不同层次的学生都可以进行有选择的发挥，让学生在小组学习中运用语言、实践语言，进一步构建语言框架。

（2）欣赏歌谣（Enjoy the Chant）。

Spring is green with flowers and songs.

Summer is hot and the days are long.

Autumn is golden and farmers are busy.

Winter is white and the year is gone.

教学顺序：观看视频（无声版）—听歌谣—再次观看视频—跟读—诵读。

设计意图：观看无声音版视频，可以使学生将重点关注放在视频内容上，能引让学生带着有意注意去听，带着听后的理解完整地欣赏歌谣、体会歌谣内容，为其语感的形成做好充分的准备。

（3）歌谣创编（MakeaChant）。

学生四人为一组，结合四个季节的气候特点及喜欢做的事，以教材中的歌谣为蓝本，进行歌谣改编。

设计意图：通过运用新知与旧知进行创编活动，能调动学生的多种感官，激发学生学习兴趣，活跃课堂气氛，减轻学习压力，巩固已有语言结构，充分运用新旧单词及句型。

步骤三：汇报交流，分享成果

以小组为单位，上台展示、汇报学习成果。提供多种形式让学生自主选择，可以是朗诵、表演或演唱。

设计意图：通过汇报展示，不仅能让教师了解各组学习情况、进度，也能为各个小组之间的交流、学习提供平台，充分体现了合作学习理念。

步骤四：反馈评价，总结提升

教师发放评价表，评价内容包括会使用季节相关词汇及句型进行正确表达，能配合组员，完成合作学习任务，知识延伸及大胆创新。

评价方式由自评、他评与师评结合。

综合评价表

班级：　　　　姓名：

评价类别	目标达成	自评	他评	师评	说明
语言知识	summer, winter, spring, autumn, season				等级A：能够听说读写新单词；能够听说、认读新句型；能够在真实语境中熟练运用所学语言知识。
	Which season do you like best? What's your favorite season? What's the weather like in...? Why do you like...? Because...				等级B：能够听说读写新单词；能够听说、认读新句型。 等级C：对新授知识仍有困惑，不能完全掌握
学习品质	主动学习，有效完成课前学习任务，课堂上积极思考，深化理解				等级A：充分达到。 等级B：基本达到。 等级C：无法达到
	与组员配合、协作完成学习探究任务，敢于创新				

设计意图：通过全方位的评价，对每一位学生的学习态度、方法及成效做出综合性评价，避免评价的单一性。

（五）教学流程概况

本设计的构想及实施以翻转课堂教学模式流程图为蓝本。课前的自主探究阶段通过学生自主观看新授教学视频、自主学习教师所提供的有关season的话题资源、完成自主学习任务单中头脑风暴及句子仿写，初步达到体验感知、探索规律的目标。课堂的协作学习、师生合作阶段通过判断与自由讨论判断学情、确定问题，小组合作学习、解决疑难，进行对话交流、歌谣学习及创编，汇报交流、分享歌谣创编成果，填写综合评价表反馈评价、总结提升，进一步分享交流、实践语言，最终达到知识建构、完善框架的目标。

四、基于翻转课堂理念的小学英语教学活动设计分析报告

良好的教学设计是教学过程能否顺利开展的重要条件。教师在翻转课堂教学中要根据学生已有的经验和知识，合理设置教学目标、教学内容，灵活运用多种教学方法，实施有效教学评价。因此，在设计前，笔者对选取的教学内容从教学重点的突破、教学难点的解决两方面详细分析，就传统教学过程中存在的问题进行归纳总结，结合翻转课堂教学的特点，作出合理的教学设计。

（一）教学活动设计理念分析

义务教育阶段英语课程标准中明确指出：通过各种教学活动，激发和培养学生学习英语的兴趣，养成良好的学习习惯和形成有效的学习策略，发展自主学习的能力与合作创新的精神，提升学生英语综合运用能力。本课例为遵循以上原则及要求，结合小学英语课程标准要求而设计。

本设计的教学活动分为课前学习、课堂活动两个环节，各个教学活动在注重英语教学的工具性、人文性的同时，也凸显了灵活性和多样化，从而让学生在学习过程中更多地获得成功体验，激发其学习热情及兴趣。

1. 发挥灵活性

微课在翻转课堂教学模式的课前学习部分中具有重要作用，而其灵活性则是翻转课堂的一大亮点。教师根据学生年级、学情、接受能力等各方面不同的特点，因材施教，选取不同的呈现方式。本课的教学对象为小学五年级学生，该年级学生注意力趋于不稳定、不能持久，教师为吸引学生的注意力，巧妙设计课前学习模块，通过图文并茂、视音结合、人机互动的视频及课件，让学生在直观的体验中自主学习本课的season，spring，summer，autumn，winter等新词以及相关句型。在课堂活动中，教师以制造"悬念"的方式，分别设计了几个"猜"的环节——"I like summer. Can you guess why？"，有效激发学生的学习兴趣；判断游戏通过呈现完整的句子，引发学生思考、判断，帮助学生拓展思维，符合中、高年级学生抽象思维初步发展的特征。案例中还运用了小组表演、自创歌谣等多种教学活动，进一步增强了翻转课堂的教学效果。

2. 遵循适应性

根据语言技能学习的特点，听、写技能相对于说、读技能更适合线上呈现，说、读技能则需要在课堂中进行充分的实践操练、巩固提升。案例中的课前学习模块，将图片、动画、词汇及句型录音，融入视频及课件进行语言输入，学生可以根据自己的学习情况自己把握、调整进度；同时，课前的自主学习任务单可让学生有的放矢，将课堂教学重点锁定在以训练说、读技能为重点的交流互动上，从而提升教学效率。

3. 彰显人文性

英语的学习，不仅要使学生掌握课本知识，更是要丰富学生的生活经验，开阔视野，发展跨文化意识。英语国家背景文化知识的介绍、当地民情风俗习惯的了解、学习策略和技巧的引导都可以是线上预先传递的内容。本案例中有一首关于季节的简短歌谣，教师通过人文渲染，设计了以音乐、动画、图片相结合的视频，欣赏歌谣，能让学生在获取知识的同时，体会到歌谣的意境之美和诗意。

4. 赋予情感性

小学英语教学中最重要的一个目的就是要让小学生爱上英语、敢于说英语，所以，课前学习旨在让学生在学习过程中收获独立取得知识的成就感。对于向往成功的学生而言，他们喜欢具有挑战性、较难的学习任务；对于恐惧失败的学生而言，他们则更喜欢通俗易懂的基础问题。因此，案例中难度适宜的课前学习资源，既可以让学生在课堂活动环节有所准备，又可以让每个学生体验到成功，这就是翻转课堂应给予每位学生的情感性。

（二）实施情况介绍

本课教学活动设计针对的教学对象是小学五年级学生，该年龄阶段的学生已经学习过两年英语，天真活泼，好奇心强，有较强的模仿能力、逻辑思维能力和求知欲望。有一定的英语词汇积累，但还不牢固，需要经过提醒才能激活。在实施的过程中，课前学习活动有效地激发了学生自主学习的内驱力，促使学生主动学习、主动探究、主动完善语言框架；课堂中教师通过为学生创设生动、活泼、和谐、真实的英语学习氛围，让学生积极主动地参与学习，敢于展示自己，成为学习的主人。分享交流环节中，充分调动了学生学习的能动性，小组竞争机制更是推动了各组之间的学习热情，实现了翻转课堂预期目标。

（三）教学反思

本课时的教学采用了翻转课堂模式，笔者通过精心设计以学生为主体、以教师为引导的课前学习活动和课堂教学活动，反复操练本单元重点词汇及句型，实现教学目标的达成。课前的学习活动使学生自主构建了语言框架，对新授知识有了一定的掌握及理解，并在自学过程中发现疑问、难点，进而在课堂中通过教师所设计的教学环节逐个进行击破，并通过小组合作学习，巩固新知，解决疑难，最后在教师的指导与帮助下，内化知识、提升能力。

1. 体现了学生主体、教师引导的作用

真正把学习的主动权交还给学生，为学生增加更多语言实践、提升的机会，创设新颖的教学活动，激发学生学习兴趣，调动学生学习热情，提高了

学生的语言交际能力。同时，小组合作学习促使学生加强相互学习及提升，有效提高了学生协作能力。

2. 完善了评价的多方位、多角度

充实了评价方式及形式，不仅有小组合作互评、教师反馈评价，同时也加入了自我评价，评价内容也不再单纯关注学生的卷面成绩，多方位、多角度全面综合地反映了一个学生的学习成效及学习能力，在注重学生学习成效提升的同时，也对学生学习能力的提升起到了督促作用，更好地促进了学生的全面提升与发展。

3. 提高了教学进度

将学生在课前自主学习中所发现的难点、疑点，在课堂上教师有针对性地进行明确讲解、反复操练，有效地避免了出现学习进度不一致、学习情况参差不齐的情况，实现了语言知识的渗透，切实提升了学习效果。

五、结论

（一）主要发现

"翻转课堂"在一定程度上弥补了传统教学中的一些缺陷，增强了学生对知识点的理解、吸收及运用，促进学生自主对知识进行建构，培养了学生自主探究、协作学习的能力。

1. 翻转课堂在小学英语教学实践中的可行性

（1）符合学生个性发展需求。

学生因个性化差异，掌握同样学习材料的时间有差别。人性化、个性化的翻转课堂让学生可以自定学习进度，满足了小学生个性化发展的需要，有助于学生扎实、深入地掌握所学。

（2）符合学生个体认知规律。

小学生的注意力由不稳定正逐渐走向持久、稳定，而影响注意力的因素很大程度上与事物的趣味性密切相关。因此，翻转课堂微视频内容的重要性和趣味性更符合小学生的认知规律。

（3）符合新课程标准改革要求。

新课程标准再次强调了小学英语教学应采用"做中学"的教学方式，但有限的课堂教学时间制约了教师对学习过程以及每位学生的密切关注，学生无法在短暂的课堂学习中主动建构知识和实践语言，翻转课堂则可有效改善这一现状。

（4）符合大数据时代潮流趋势。

随着大数据时代的到来，云平台、电子书包、移动终端等已成为学习的新载体。2013年11月8日，教育部副部长在教育部教师培训高级研修班中提出传统教学理念和方法已经无法满足信息化时代的教育发展。教师需要有足够信息素养，引导学生掌握必备信息素养并懂得利用信息手段开展教学评价。

2. 翻转课堂在小学英语教学实践中的必要性

（1）实现个性化学习和因材施教，实现教育公平。

教育公平不仅指教育资源分配公平，也指针对学生的个性化需求设计课程和教学方法等，以满足学生不同的学习需求。翻转课堂可根据学生学习水平，因材施教，实现个性化学习，这实际上也是保证教育公平。

（2）适应形势发展，推进小学英语教学改革。

英语教学改革，呼吁构建一种以学生为中心的新课堂，英语教学能否在改革潮流中取得较大进展，关键看教师在教学模式上的改革与创新力度与思路，学生能否真正成为课堂的主人，而翻转课堂正是倡导教师导、学生学，从根本上改变传统的教学方式方法。

（3）推进信息技术与教育教学深度融合，促进教学资源的有效利用与研发。

在《教育信息化十年发展规划（2011—2020）》中，教育部明确谈及了教育与信息技术"深度融合"的全新理念，希望找到实现教育信息化的有效途径与方法，翻转课堂理念的出现为"深度融合"的实现提供了可能，在对于如何统筹、整合教学资源的问题上有指导作用。

（二）实施建议

翻转课堂兴起于国外，一味移植到中国的课堂是否会发生"水土不服"？如何吸取其理念精髓，并做出相应的调整，以使其适应中国本土，是我们应该进一步思考及解决的问题。

1. 翻转课堂在小学英语教学活动设计中的注意事项

（1）切忌因重视线上学习而忽略了线下语言实践。

网络资源虽然能为学生提供更形象、生动、清晰的体验、感知，但无法替代语境中语言的真实交流。因此，教师需要在课堂上更加注重引导学生在先学的基础上充分开展语言交流及运用，真正把感悟的语言转化为运用语言的能力。

（2）切忌为翻转而翻转。

尽管翻转课堂相对于传统课堂教学有一定的优势，但也存在一些弊端。教无定法，选择何种模式，需要考虑诸多因素，如学生的年龄特点、家庭情况、学习能力、学习内容等。

（3）切忌过分强调学生的学，而忽视了教师的导。

教师需根据学生的学情，设计教学活动，帮助学生掌握、运用新知识与技能，引导学生归纳总结语言规律，能在真实的语境中运用习得语言，以此真正达到翻转课堂理念所追求的课堂教学效果。

2. 翻转课堂在小学英语教学实践中亟须解决的问题

（1）提高教师信息技术能力。

翻转课堂的教学视频承担了传授知识的任务，教学视频的制作，需要教师从视频的内容、设计形式、长短、吸引力、趣味性、重点性等方面思考，这不仅要求教师认真研究教学内容，更要求教师具有扎实的现代信息技术知识、素养，才能具备实施翻转课堂的能力。

（2）培养学生学习的自觉性。

翻转课堂需要学生课外学习，课堂上积极参与课堂活动，学生的自觉性和学习能力是实施翻转课堂的基石。学习自制力较差、学习能力不强的学生还需教师的引导和帮助，培养自主学习能力，让学生自觉地从"要我学"变为"我要学"。

（3）提供技术设备的支持。

翻转课堂的实施，需要为学生提供视频等电子学习资源的设备，搭建网络平台，这都离不开学校和家庭的支持，需要集各方之力，为翻转课堂的顺利实施提供外部物质条件的保障。

（4）获得家长的积极支持。

翻转课堂从根本上改变了家长以往在学生学习过程中的被动角色，家长也积极参与到学生课前学习的环节，愈发显著的监督作用有利于形成"学生—家长—教师"三者之间的互动以及家校两方的联系，从而有效地提升学生学习成效。

（三）应用前景

本设计阐明了翻转课堂的内涵与特点，结合分析教学案例，阐明了翻转课堂应用于小学英语教学实践中的优势，在实践应用中发现该模式还存在一定的不足，需要进一步改进完善。相信随着翻转课堂教学模式的不断实践与尝试，其教学成效会得到进一步的提高，更好地促进我国基础英语教学事业的持续发展。

如何让小学科学实验课堂更有趣味性

——以"杠杆的科学"教学实例为例

《杠杆的科学》是教育科学出版社科学六年级上册"工具和机械"单元的第2课。教材上的设计是让学生使用杠杆尺探究杠杆的原理。由于实验器材不足或不满足实验需求，学生能力层次不一样，不能每组学生都用杠杆尺进行实验。于是我将本节实验课重新设计，目的是使更多的学生参与到实验探究中，提高科学实验课堂的趣味性。

一、设计理念

《杠杆的科学》这节课就是让学生经历从生活到科学、从科学再到社会的过程。从实际夹核桃的活动中抽象出杠杆的模型，到跷跷板实验，学生亲身体验到立扫把游戏，最后延伸到社会中的杠杆工具。

本课的内容在教材中起到了承上启下的作用，学生已经学习过了什么是简单机械，但是仍然以形象思维为主，所以本节课以实验为基础，以思维为中心，通过自制教具和实验探究来突破重难点，使学生知道杠杆的三大原理。

二、创新要点

本节课导入由"撬石头"转变为"夹核桃"。这样的设计让学生更能感受到科学的趣味性，原来生活中的这么多事情都是跟科学息息相关。

实验探究中抛开书上常规的杠杆尺，利用教师自制的创新杠杆教具达到教学目的使学生更容易弄懂杠杆的原理。

将课堂交给学生，教师引导学生进行思考，让学生真正成为学习的主人一直是教育改革所追求的理想目标。实验不能"教师讲，学生听""教师做，学生看"，教师不能包办代替，应该让学生亲自动手、动脑、激发学生去想象、去构思，把学生放在主体位置上。认知心理学认为：思维产生于动作。在活动的实践中，学生能感到自己是一个发现者、研究者和探究者，体验到智慧的力量和创造的快乐，切实成为学习的主人。因此，教师要不失时机地给学生提供实践的机会。如教学《杠杆的科学》一课时，我让学生试着用扫把杆撬起讲台，这一过程，我不作任何评价，只在旁边看着学生操作。学生由最开始直接用杆子提，提不起来到后面用凳子支撑着杆子去撬，发觉支撑点选的还是不合适。再到后面学生用桌子当支点，自己调整支点的位置，很轻松可以将讲台撬起来。在这个实验制作过程中，无疑增强了学生实践的思维与能力，这就是学生主动参与所获取的。

三、以丰富趣味的活动贯穿教学过程

（一）以趣味活动"夹核桃"为导入，学生"游入"课堂

当前正是吃核桃的季节，课堂上我带来了核桃，请学生帮我手剥核桃，发现很难剥，很费力，学生再用核桃夹开核桃，很轻松就剥开了，引学生思考为什么核桃夹可以很轻松剥开核桃？带着这个问题，进入今天的课堂——杠杆的科学。在导入部分，由生活进入科学课堂，更加贴近孩子的实际。

（二）以轻松愉悦"撬讲台"为链接，学生"融入"课堂

让学生试着用扫把杆撬起讲台。学生由最开始直接用杆子提，提不起来到后面用凳子支撑着杆子去撬，发觉支撑点选得还是不合适。再到后面学生用桌子当支点，自己调整支点的位置，很轻松地就将讲台撬了起来。这一过程，我不作任何评价，只在旁边看着学生操作。学生由于付出了，才会有思

考，有了思考实验课堂才能够体现它的意义。

（三）以自制教具为主体，收获科学趣味性

我为这节课堂自制杠杆原理演示仪。它由测力计、重物、标杆尺和底座构成。测力计所在的位置代表用力点，重物所在的位置代表阻力点，可以上下移动的点就是支点。我们通过移动重物改变阻力点的位置，通过测力计上数据的变化，学生很快判断出是省力杠杆，还是费力杠杆抑或是既不省力也不费力的杠杆。

（四）在讨论中感受科学趣味性

通过反反复复的实验，收集到真实可信的数据，学生相互之间探讨并从数据中总结归纳出本节课重难点。

（五）将科学延伸到生活，发现有趣的科学现象

学生发觉身边的杠杆，原来火钳是费力杠杆，天平是不省力也不费力杠杆，羊角锤是省力杠杆，学会把理论知识应用到实际生活中。

加入游戏巩固环节，让同学玩跷跷板，保持跷跷板平衡。在班上选取两名体重相等的同学A、B，再选一位体重比同学A、B轻的同学C，最后选一位体重比同学A、B重的同学D，用学生的体重代替杠杆尺的钩码。用学生椅子作为跷跷板的支点，长椅正中间放在支点处，左右微微移动调整平衡，跷跷板便做成了。将跷跷板左边设为阻力边，右边为用力边。请同学A、B分别坐在左右两边离支点相等距离的位置，学生观察，跷跷板处于平衡状态。请同学A坐上左边的跷跷板，同学C坐上右边的跷跷板，让学生自由调节自身到支点的距离，要求是，左右两边平衡，当同学C到支点的距离大于同学A到支点的距离时左右两边平衡。请同学A和同学D分别坐上左右两边跷跷板，两人调节到支点的距离，使得左右两边平衡。

立扫把游戏，要求学生将扫把平稳地放在一根手指头上面，掌握了杠杆的原理，很快就可以将扫把放平衡。课堂每时每刻都充满了欢声笑语。

四、趣味的实验活动，收获趣味的科学知识

本节课通过兴趣盎然的导入以及结合自制教具开展丰富多彩的夹核桃、撬讲台、研究杠杆教具、坐跷跷板、立扫把等实验活动，充分发挥学生的主体作用，让学生在感悟、实践、总结当中认识杠杆的科学，积极主动地参与到活动中，体验成功的喜悦，提高了他们的综合能力。学生学得意犹未尽，还自发地制作了小杆秤，做得有模有样。真正实现了科学来源于生活，走向生活。

学生通过此节课学习到了杠杆的知识，更重要的是体验到参与是最好的学习方式。学生在"玩"中学、"玩"中练，小学生学习的动机大都取决于对学习内容的好奇和兴趣。有了好奇心才有学习的动力，就能主动地去钻研。

学生在参与实验活动中，发挥自己的想象，提高自己的动手能力，感受到科学课堂是生动的、有趣的、神奇的。

教师通过此堂课认识到科学课可以以多种多样的形式进行。教师在教学中最终要以学生为主体，以学生为中心展开活动。实验教学中会出现许多变量，教师要根据实际情况选择合理的教具，创新制作出自己的教具，提高自己的科学业务能力。

五、实验教学中的不足之处、须改进之处

本节课学生的参与度很高，课堂氛围很好，课堂中开展了多种多样的游戏活动，学生兴趣很高，学习氛围很浓厚。但是教师在实际操作时出现课堂纪律的不好把控。学生在总结结论时教师还应进一步放手让学生表达。教师在实验课堂上不仅要着重培养学生的动手能力，创新能力还要注意表达力和专注力的培养。科学是一门综合性学科，对于教师的要求较高，教师应更加严格要求自己，备好课，多看相关书籍，给学生一杯水自己要有一车水，保持对科学的热爱，爱科学才会学科学，才能想去教科学。

总之，教学改革的关键改变教学观念。科学教学的改革要从改革教学方法开始，由传统的教授式到自学式的改革。突出学生在学习中的主体地位，

引导他们动口、动手、动脑、亲身经历科学发现的全过程，按照"发现问题，提出假设，设计实验，实验记录，得出结论，验证假象，联系实际"的教学模式自行获取自然科学知识，并且不断地提高学科学、用科学的能力，以适应终身学习和探索的需要。

生活化多元互动，体验型美德渗透

——情境教学视域下的小学英语课堂融合

各位评委好，我是X号选手郑超，今天我说课的内容是湘少版英语五年级上册2单元Part B与Part C，说课主题为"生活化多元互动，体验型美德渗透——情境教学视域下的小学英语课堂融合"。下面我将一谈教学内容、二抓学生学情、三用教学方法、四说教学过程、五突教学亮点，以教材资源为支撑，以情境教学为引领，以资源开发为促进，以自主体验为平台，以能力培养为载体，构建生活化英语活动模式，与大家分享我对本节课的理解。

一、谈教学内容

1. 教材话题

本节课以饮食为主线，重点学习食物与饮料类的单词，并在实际的情境中表达自己所需的食物与饮品。在教学中，教师要结合课本知识，把教学内容延伸到现实生活中去，让学生感知粮食的来之不易，教育学生要爱惜粮食，做一个勤俭节约的孩子。通过中西饮食的比较，让学生了解中西饮食文化的差异。

2. 教材地位

本课时是湘少版五年级上册第2单元的B、C部分教学。教学的主要内容是学习食物与饮料类单词，学习表达自己对食物的意愿和询问他人对食物的意愿的句型。关于食物、饮品类的词汇，学生在四年级课本（I like noodles）中就有接触过，所以在教学的时候能唤起学生对已学旧知识的记忆，在一定程度上给本堂课的教学做了铺垫，也促使学生做好了学习新知的心理准备。C部分"What would you like?I'd like..."表达自己的意愿和询问他人意愿的句型，是本单元要学习的主要话题。学生通过参与课堂活动，结合已有的英语知识，用B部分所学的单词，对句型进行反复操练，融会贯通。本堂课的教学，为接下来的第3单元"Do you want some rice?"的教学做了很好的知识衔接。教材对本单元的教学安排，既体现了教材遵循循序渐进、承上启下的编排原则，又体现了教材遵循学生的知识水平和认知水平的原则。

3. 教学目标及重难点

语言能力：能够听、说、读新单词Coke，chicken，hamburger，sandwich，fish，beef；能够使用新的句型What would you like? I'd like…

学习能力：通过学习语篇，学生能掌握阅读基础技巧，能利用图片帮助理解文本意义。

思维品质：培养学生发散性思维能力及创新能力。

文化品格：通过本单元的学习，了解传统文化，弘扬中国文化，热爱我们的祖国。

4. 教材处理

本堂课的主要教学任务是学习B部分的单词，掌握C部分表达自己意愿或者询问他人意愿的句型。在教学中，用C部分的对话What do you like? I'd like....让学生进行反复操练，达到词不离句、句不离篇、篇不离境的教学目标。结合视听法、听说法、交际法、合作与竞争，创设情景，让学生能最大限度地参与、体验活动过程，发挥学生主观能动性，培养自信与获取成就感。学生通过本堂课的学习，获得了运用知识的技能，提升了用英语交际、做事的能力。能运用"What would you/he/she like？"和"I/He/She'd like…"来表达自己所需或询问他人所需，同时在学习中了解中西方饮食文化差异。教育学生在享受美食的同时，感悟粮食的来之不易，培养学生爱惜粮食，勤俭节约的良好思想品质。

二、抓学生学情

五年级学生已经具备一定的词汇基础和英语听说能力。三、四年级时已经学过部分食物饮料类单词，如egg,cake, noodle, water，询问他人喜欢什么食物、饮品的疑问句"What do you like？"及应答句"I like….I don't like…"等句型。对于食物的喜爱和需求表达，学生已经具备了一定的知识储备量。因此学生对接下来的新知学习很期待、很感兴趣。教师在激活学生旧知的基础上，必须运用各种教学手段激起并保持学生的学习兴趣，调动积极性，帮助学生获得学习的成就感。同时应多结合学生的生活，创设情境，激发他们的兴趣和表达欲望，培养学生的综合语言运用能力。

三、用教学方法

1. 直观教学法

运用声音、图片、视频进行演示，使学生头脑中形成比较鲜明的事物表象，丰富学生的直观认知，这样不仅能激发学生学习兴趣，还能使他们将所学的内容应用到他们的生活中去。

2. 情境教学法

用学生喜欢的动画人物大胃王David，来创设食物与人物的故事情境，为新课内容的展开巧设了前进的路径，使接下来的教学环节丝丝相扣，融入的教学内容合情合理，水到渠成。

四、说教学过程

本课的教学过程围绕课前热身、新课导入、操练及总结四个环节进行。

1. 课前激趣，铺垫新知

选用学生喜欢的食物歌曲*Johny, Johny Yes Papa*导入新课内容，歌曲内容紧扣课文主题，又充满童趣，既可以激发学生学习兴趣，为他们学习英语创设语境，也可以为下一步的教学做好词汇教学的铺垫。

2. 虚拟向导，引生入境

创设"大胃王David"这个形象生动的人物，大胃王有趣的自我介绍将学生带入他饿了要去找些吃的的情景，从而引出有关中西餐厅的食物单词及句型。大胃王David的出现，为新课内容的展开巧设了前进的路径。David就像一位称职的向导，带领"游客"翻山越岭，一路谈笑风生，风景渐入佳境。

3. 一路吃喝，文化渗透

带领学生进入情景后，分中西餐厅教授单词和句型。首先，David带领大家一起来到中餐厅，学习单词fish，beef，chicken及相关句型。然后，来到西餐厅，学习单词hamburger，sandwich，Coke及相关句型。在教授单词及句子的同时，不忘让学生感受中国食物的魅力，从而更加热爱自己的祖国，也对比了西方饮食文化，让学生了解他们的饮食习惯，培养他们的跨文化意识。

4. 趣味操练，情感升华

在操练环节，巧用砸金蛋的游戏和朗朗上口的律动为学生解乏，在快乐的活动中巩固单词和句型。小组合作以做菜单为主，建议学生灵活运用本课所学知识，将课本知识延伸至生活，提高他们的语言运用能力，提升他们的创新能力。最后的情感升华，以袁隆平院士研发杂交水稻的艰辛之路作为教育契机，教育学生珍惜粮食，发扬勤俭节约的优良传统。

五、突教学亮点

1. 虚拟形象为主导，贯穿教学

整堂课都由大胃王David贯穿始终，使得这堂课生动有趣。他将零散的内容串联成一条线，思路清晰，层次分明，让学生在有趣的、真实有效的语言环境中学习英语并运用英语。

2. 奖励机制巧运用，反馈知识

通过运用奖励机制上不同的食物，进行"What would you like？I'd like.."句型回顾，并激发学生对以往所学食物类单词的记忆。让奖励机制不再"虚有其表", 不仅发挥其激励作用, 更是对新旧知识的巩固起到了辅助作用。

3. 情感升华接热点, 传承美德

情感教育结合袁隆平院士, 教育孩子现在的温饱来之不易, 应当珍惜粮食, 发扬中华民族勤俭节约的传统美德。

综上所述, 作为一门异域类语言学科, 英语教学需要"语用环境"的实质性支撑, 对社会生活元素更加具有强烈的依赖性。同时在小学英语教学中, 教师不仅要渗透西方文化, 更要弘扬中华传统, 帮助学生形成正确的文化观、民族观与世界观。勤俭节约传统美德教育在小学英语教学中的渗透, 让学生通过英语学习, 传承中华民族的优良传统。

以上就是我的教学阐释, 如有不当之处, 敬请指正。

"第二届会同县中小学青年教师教学竞赛" 小学英语教学设计

【教学设计标题】

Unit 2 I'd like a hamburger

【教材与年级】

湘少版小学英语五年级上册

【教学内容】

B Let's Learn & C Let's Practise

【教学理念】

面向全体学生，为学生全面发展和终身发展奠定基础；关注学生情感，营造民主和谐、轻松快乐的教学氛围；以学生为主体，提倡小组合作、自主探究式学习；采用多样的活动形式，提倡体验与参与；运用现代信息技术，拓宽学生的学习途径。

【整体设计思路】

利用食物歌曲热身，引起学生有意识注意，激活所学知识，奠定基础。本节课以饮食为主线，重点学习食物与饮料类的单词，并在实际的情境中表达自己所需的食物与饮品，反复操练问答"What would you like?I'd like...",唤起学生对食物类词汇的记忆。结合视听法、听说法、交际法、合作与竞争，创设情景，让学生能最大限度地参与、体验活动过程，发挥学生主观能动性，培养自信与获取成就感。能运用What would you/he/she like? 和I/He/She'd like…来表达自己所需或询问他人所需，同时在学习中了解中西方饮食文化差异。

【学情分析】

本单元的教学对象为小学五年级学生，他们具有一定的词汇基础与英语交际能力。学生对于自己喜欢的食物是非常感兴趣的，三、四年级已经学过部分饮食类单词，如egg，cake，noodle，milk，water及"What do you like? I like..."等句型。因此学生具有一定的表达基础，对进一步学习是具有期待与兴趣的，在激活旧知的基础上，必须运用各种教学手段激起并保持学生兴趣，调动积极性，尤其要多给羞于表达的学生机会，多给予其鼓励，帮助他们获得成功的喜悦与自信。由于本单元内容与学生的日常生活联系密切，教学时，要根据小学高年级阶段学生的特点，引导他们在学习英语的过程中最大限度地发挥自主学习能力，积极主动地学习英语。

【教学目标】

1. 语言能力

Be able to listen, speak and read the new words "Coke,chicken,hamburger, sandwich, fish,beef";

Be able to use the new sentence patterns

– What would you like?

– I'd like ...

2. 学习能力

Be able to know how to order in a restaurant.

3. 思维品质

Be able to cultivate students' divergent thinking.

4. 文化品格

（1）Let students know the differences between Chinese restaurant and Western restaurant；

（2）Encourage students to save and cherish food.

【教学重难点】

（1）New words and new sentences.

（2）Be able to know how to order politely.

【教学过程】

Step Ⅰ Warm-up&Lead-in

（1）Greetings.

（2）Enjoying a song Johnny，Johnny Yes Papa.

Ask What can we hear?

设计意图：选用学生喜欢的食物歌曲导入新课内容，既可以为他们学习英语创语境，也可以为下一步的教学做好词汇教学的铺垫。

（3）T:These words are about food and drinks.Today,we are going to learn Unit 2.4.Classrules.

Step Ⅱ Presentation

Introducing a new friend David. Saying "hello" to the new friend "David".

（1）Showing a picture and listening.

设计意图：大胃王David的出现，为新课内容的展开巧设了前进的路径。David就像一位称职的向导，带领"游客"翻山越岭，一路谈笑风生，风景渐入佳境。

（2）Eating at a Chinese restaurant.

（3）Learning some words about Chinese food.

fish,beef,chicken...

T: I'm the waitress. What would you like?"

S1: I'd like ...

设计意图：模拟中餐厅就餐环境，让学生感知中餐饮食文化的魅力，从而更加热爱自己的祖国。

（4）Eating at a western restaurant.

（5）Learning some words about western food.

hamburger, sandwich, Coke...

设计意图：模拟西餐厅就餐环境，让学生了解一些西方饮食文化习惯，培养学生的跨文化意识。

Step Ⅲ Practice

（1）Playing a game Lucky Eggs.

设计意图：砸蛋游戏，既可以为课堂激趣，提高学生的课堂参与度，又可以进一步巩固学习新教授的内容，为学生的综合语言运用能力培养打下基础。

（2）Let's chant.

Hey!Boy! What would you like?

I'd like a hamburger. What would you like?

I'd like a sandwich. What would you like?

Hey！ Girl! What would you like?

I'd like some beef .What would you like?

I'd like some fish. What would you like?

设计意图：节奏明快的chant，把要教学的内容巧妙地串联起来，使内容生动有趣得像一首歌，词句朗朗上口，韵律感十足。

（3）Eating at Restaurant.

设计意图：以实际场景模拟就餐场景，让学生用所学到的知识进行语言的实际操作。

（4）Group Work.

① Making a menu.

② Showing time.

设计意图：检查学生的语言运用能力，给学生展示自己的机会，获得学习的成就感。

Step Ⅳ Consolidation

（1）Watching a video.

设计意图：通过观看录像，让学生了解中西方饮食文化差异，开拓学生的饮食文化视野。

（2）TIPS Save food, start from me, and start from now！节约粮食是对袁隆平院士的追思。（通过展示学生就餐以及袁隆平院士图片，教育学生从小养成勤俭节约的好习惯。）

Step Ⅴ Summary

通过运用奖励机制上不同的食物，进行"What would you like？I'd like..."句型回顾，并激发对以往所学食物类单词的记忆。

设计意图：让奖励机制不再"虚有其表"，不仅发挥其激励作用，更是对新旧知识的巩固起到了辅助作用。

Step Ⅵ Homework

（1）Read the new words and sentences. ☆

（2）Design amenu and make a conversation. ☆ ☆

【板书设计】

Unit 2 I'd like a hamburger

What would you like?

I'd likesome/a…

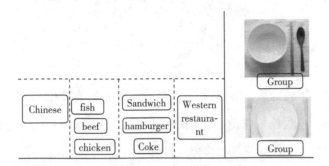

"学思行"和融课堂教学模式活动展示

为提升青年教师教学业务水平，提升教育质量，我校多次跨省、市、县进行"三校""两校"联谊，活动中，展示"学思行"和融课堂教学，各校在教师教学、教育质量等方面均得到提升。

第四章

"学思行"
家校共育模式

和乐教育理念下，"学思行"现代化家校模式创建

会同县城北学校成立于2018年8月，是一所教学理念先进、教学设施齐全的现代化标准学校，学校位于县城北区，地处城乡接合部，附近几个村的子女、异地搬迁户子女、进城务工经商户子女较多，农村学生占比达85%以上，大多是爷爷奶奶在家带孩子，其中留守儿童占比达70%。如此拼凑的一所新学校，给学生管理带来了一定难度，鉴于此，利用好学校教育资源，抓好家校协调教育就显得尤为重要。作为湖南省特级教师、学校校长饶菊芳深知家庭教育的重要性，她率先提出办"和乐教育"。"和"亦"合"，她希望教师、学生、家长抱团成长，一起进步。于是学校积极探索家校协同办学的新路子、新举措，把现代化家校合模式创建放在首位。

一、共学——四措并举，着力提高素质

只有家庭教育和学校教育协同，才能共同为孩子成长营造一个良好的环境。而只有教师与家长共成长，才能让现代化的教育落实到每一位孩子的头上。

定期家长交流会。学校每学期围绕不同主题，采取多种形式，抓住学习不同阶段，在不同时期召开家长交流会。交流会有教师、学生、家长共同参加的教育论坛、家长代表发言的经验总结会、爷爷奶奶培训会等。六年级一

位家长用PPT分享她教育孩子的成功经验，赢得了所有家长阵阵掌声。一位70多岁的爷爷语重心长地说："教育孩子是一门学问，你们年轻人比我们当年做得好，我要努力学习，争取将教育的遗憾弥补给我的孙子。"举办专家讲座。为了更进一步提高家长们的素质，学校多次邀请专家到校进行专题讲座。2018年11月，邀请家育专家举办了"学做智慧家长·培养幸福孩子·创建和谐家庭"主题讲座，约540名家长参加培训。2019年3月，邀请专家宋桂兰老师举行"构建和乐家庭之一：如何有效地传递爱"专题讲座。2019年10月，邀请专家对家长进行"如何听孩子才会说，如何说孩子才会听"专题讲座。2020年11月，我校举行"关爱雏鹰·呵护健康"预防儿童意外伤害知识进校园、"儿童青少年近视防控科普妈妈行"公益讲座。

每次会后，家长代表以文字、视频等形式将所学知识推广至孩子所在班级。网上平台互动。使用"互联网+家长学校"APP，开展线上线下家庭教育研讨，每期至少研讨一次，并将学校的动态上传APP，让家长及时了解学校情况，并提出合理化建议。如今，学校在网上注册学习的家长已达2400多人。开设专栏分享。学校办公室在学校微信公众号开设"育儿专栏"，由校关工委专人管理，每周让5名家长推荐一篇家庭教育文章，鼓励家长积极投稿，分享家庭教育心得。文章内容、题材不限，可以是家庭小故事，可以是教育经验分享，还可以是反思自己的教育历程等。学校办公室还将一些优秀稿件推荐到有关网络平台。

二、齐思——建立三卡，形成长效机制

思，既是反馈，又是反思，不仅是班主任与学生、家长多接触，进一步了解孩子及他的家庭，更是家长多了解学校，了解老师，一起反思，让家长、老师、学校更好地服务学生，让学生健康快乐成长。

一是建立家校联系卡。为了加强学校与家长的联系，关工委梁老师从家长的角度出发，专门设计了家校联系卡，内容包括学校工作动态、学生的学习情况、习惯养成、家庭教育的有关知识、家长意见反馈等。并教家长们

如何利用"家校联系卡"管理孩子的生活与学习。二是建立家访登记卡。学校坚持服务上门原则，要求新接任班主任，全员家访，其他班主任有针对性家访，做好家庭状况和家访记录的登记卡。每学期一开学，学校教师便利用放学后或周末，走进学生家中，了解学生家庭状况，面对面和家长交流、指导。发现学生如有异常，特别是留守、贫困学生，班主任联合科任教师、分管行政人员上门询问情况，不放弃每一位学生，指导家长如何教育孩子，也接受家长意见，提高教育质量。每学期，全校家访率达到80%以上。三是建立留守档案卡。新学期开始，各班迅速摸清贫困儿童、留守儿童的底子，并填写好贫困儿童、留守儿童档案卡。抓好留守儿童的课务辅导、就餐等日常工作。并通过电话、微信与家长联系，让在外务工的家长放心，并共同提高教育质量。

三、力行——五进活动，共创互动平台

家校合力不仅仅是理论的学习，更是将理论运用于实践中。因此，学校将家校力行纳入工作计划，通过加强家长学校的管理，提高家校教育实效。

家长义工进学校。2018年12月，学校成立"以爱为盟·义路同行"——"和乐家长义工团"，为100名家长义工颁发了聘书。建立城北学校家长义工微信群，便于开展志愿工作的沟通与交流，制定《家长义工执勤表》，每天上下学高峰期安排10名家长义工在学校门口长约100米的斑马线上，负责护送学生上下公交车、过马路。随着时间的推移，义工团的队伍逐步扩大，截至目前，学校家长义工团人数已达500多人。家长进课堂。每双周周五的最后一节课，学生会迎来一位"特殊"的教师，他就是家长。学生印思懿爸爸是一位"国际厨师"，多次在尼日利亚孔子学院为大学生传授厨艺课，学校特邀其为六年级师生上了一堂精彩的厨艺课。印思懿说："我感觉特别自豪，第一次听爸爸讲课，特别为他骄傲……"两位奶奶上了一堂题为"飞针走线绣幸福"的十字绣课，学生不仅学会了十字绣，更重要的是得到了文化的熏陶。还有安全教育课等。家长进校运会。学校通过开展形形色色的活动，不

断拉近与家长之间的距离，助推家校合力办学。每年运动会、"六一"国际儿童节、国庆活动、毕业季活动等，都会邀请家长参与。学校举办的每一届校运会，都设置了家长与孩子合作的趣味混合接力赛项目。接力赛时，家长与孩子一起大显身手，大孩子一个个铆足了劲，奋力拼搏，他们既是孩子们的榜样，又是赛场上一道亮丽的风景。妈妈进学校食堂。学校食堂实行校长妈妈和班主任每天陪餐制，一共聘请了12位厨师，其中10位是学生家长。她们既是工作人员，又是食堂监督员。厨师们洗菜更是用心，和在家中洗菜的标准一样，蔬菜浸泡15分钟以后再清洗，叶片稍有一点黄、有一点老，便毫不犹豫摘掉。另外，学校不设教师窗口，全体教师与学生吃同样的饭菜，同样排队，与学生共进午餐，整个食堂安静、有序。因此，学校也被评为"怀化市学校食品安全示范食堂"。家长爱心进校园。2019年12月，学校成立"和乐爱心志愿者协会"，迄今为止，走访并资助贫困儿童100余人次。在学校教师的榜样引领下，家长义工积极参与学校的疫情防控工作，提出了许多宝贵建议，多名家长主动捐赠防疫物资，共捐献口罩万余个，消毒液200桶，测温仪1台。2021年3月，家长向学校捐献图书2000余册。

　　"学思行"家校模式的创建，旨在努力践行教育人初心，与老百姓共同建立家门口的优质教育，和谐发展、有责担当、乐美人生，在"学思行"家校合力模式的引领下，让和乐教育贯穿始终，乐满校园！

（发表于《中小学管理》2021年193期）

"双减"背景下"隔代教育"路在何方

　　隔代养育在当下社会非常普遍，子女为了生活，为了事业需要老人帮忙带孩子；老人也通过帮子女带孩子，发挥余热，隔代教育在增进家庭团结等方面发挥着重要作用，但隔代教育也面临着许多弊端。"双减"背景下，隔代教育呈现出更不一样的时代特征。在这样的形势下，家庭成员间该如何团结协作，有效避免隔代教育的弊端，促进孩子健康成长呢？

一、什么是"双减"

（一）"双减"的定义

　　"双减"工作是党中央、国务院的重大决策部署，是国家的重大民生工程，是全民的统一行动。2021年7月，中共中央办公厅、国务院办公厅印发了《关于进一步减轻义务教育阶段学生作业负担和校外培训负担的意见》，提出了准确把握考试功能、大幅压减考试次数、合理运用考试结果、完善学习过程评价等要求。"双减"的含义指进一步减轻义务教育阶段学生作业负担和校外培训负担，但绝对不减学校和家庭的责任。

（二）双减的主要目标

1. 为孩子助力

　　帮助学生每天能及时有效完成家庭作业，参与课后服务的学生在校完成家庭作业率努力达到100%。

2. 为家长解忧

　　帮助家长解决按时接孩子难问题、孩子在家庭教育学习中家长辅导力不足问题，切实减轻家长为孩子课后学习而寻求社会性课后辅导服务的经济负担。

3. 为育人导向

根据学生年龄特征、分层次、系统性、个性化统筹安排五育内容。

（三）具体措施

（1）管控作业。

（2）提升课后服务水平。

（3）规范校外培训行为。

"双减"，减轻了家长的精神负担和家庭的经济负担，让学科教育重新回归学校主阵地。立足基本国情，遵循发展规律，坚持改革创新，以大攻坚战开局良好，供给侧结构性改革深入推进，人民群众得到更多实惠，保持了经济持续健康发展和社会大局稳定，朝着实现第二个百年奋斗目标迈出新的步伐。

二、"双减"后的家长意识担当

（一）"双减"，不减责任

孩子的成长，离不开家长的教导，家庭的熏陶。减轻学业负担，不代表减去家长的责任，与之相反，它更要考验家长的担当。优秀的家长不在于学历的高低、文化的多少，而在于是否有责任意识。陪伴是责任，养育是责任，以身作则是责任。履行家长的责任，就是对孩子的人生负责。

（二）"双减"，不减质量

"双减"，减去了作业的总量，减去了课外培训，学习回归课堂，但同一个班级的孩子各有所长，在普遍性的教育模式中，难免出现行为和成绩上的差异。作为最了解孩子的人，家长要更专注于培养孩子的自控力、专注力和情绪管理能力，与老师携手，共同为孩子成长助力。要知道，孩子的学习是一种爬坡，更要家长和学校的"双向奔赴"。

（三）"双减"，不减成长

孩子的童年只有一次，评价人生的方式绝不仅仅是赢在起跑线上，能够跑完马拉松的才是高手。没有了课外培训，我们更该利用孩子多出来的时间，做好陪伴，策划合理的安排。家庭是孩子成长的主阵地，家庭教育是孩子成长中最重要的教育。真正优秀的家长，不在于为孩子报了多少班，而在于是否真正参与了孩子的成长。减负减不掉孩子的成长，因为成长是家长与孩子共同完成的一场修行。

三、双减后的家长角色转换

（一）心理营养师——给孩子一份心灵的力量

当孩子遇到烦恼的时候，我们是否能让他愿意敞开心扉、放心倾诉？

当孩子遇到挫折的时候，我们是否能及时发现，给予他精神的力量？

当孩子遇到问题的时候，我们是否能及时给予他安慰、鼓励？

当孩子犯错的时候，我们是否能解读他的心理密码，关怀他内心的温度？

让孩子成为身心健康的人，是比成绩更重要的事。

（二）学习引领师——给孩子做好学习榜样

真正好的教育是行为层面，让孩子真正行动的方式永远是言传身教，当家长发自内心地爱上学习，不断成长，孩子自然能从中汲取充足的能量。做个成长型家长，让自己不断学习、不断成长、不断拔节的榜样行动，影响孩子，改变孩子，成就孩子吧！

（三）人生指导师——给孩子人生方向指引

家长是孩子人生中最重要的导师。当孩子没有目标的时候，家长要做好方向引导，帮助孩子立志，将个人的学习成长与国家命运紧密相连，帮助孩子找到成长的内生动力。

（四）习惯监督师——给孩子成长保驾护航

"双减"政策落地，与其把目光聚焦于孩子的成绩是否下降，不如退一步重新培养孩子的学习习惯，这样才能真正为孩子的成长保驾护航。在持之以恒地磨合中形成真正有价值而又适合孩子的习惯，这一切都需要家长的耐心，坚持监督，及时巩固。

（五）兴趣合伙人——应对特长培训

孩子的兴趣和需求应该由孩子自己决定，而不应以家长的认知决定，家长是孩子兴趣的合伙人，而不是决定者。

因此，"双减"后我们更要注重培养孩子自我发掘的能力，并利用课余的时间培养孩子的兴趣，把兴趣发展成人生梦想，当好孩子的梦想合伙人。

四、"双减"后家长该做什么

"双减"后，家长需要调整自我定位。

（1）不当"保姆"，学当"成长伙伴"。

（2）不当"法官"，学当"律师"。

（3）不当"裁判"，学做"啦啦队员"。

（4）不当"驯兽师"，学做"镜子"。

任务1：督促学习，养成自律

一个孩子有多优秀，看他自律的程度就知道了。但有句话说得好：家长管教是基础，孩子自觉自律是目的。

当孩子不想学习、懒散放纵时，用恰当的方式"逼"他一把。少有天生爱学习、自律的孩子，都靠家长的狠心和坚持。

任务2：培养习惯，全面发展

著名教育家叶圣陶先生说过："教育的本质，就是培养习惯。"真正拉开孩子差距的，不是智商，而是从小养成的习惯。

（1）学习习惯。

课前预习，课上认真听讲，课后及时复习。勤记笔记，积极思考，大胆发言，敢于质疑。养成正确的读书写字姿势，自觉阅读课外书。

（2）生活习惯。

每晚准备好第二天要用的教材、学习用品等。

早睡早起，按时吃饭，少吃零食，自己的事情自己做。每天适当进行身体锻炼，注意个人卫生。

任务3：重视陪伴，用心沟通

陪伴的本质是一种教育，没有陪伴，家长就不可能读懂孩子的内心，更不要说引领孩子健康成长。不是呼唤各位家长抓紧每一分钟陪伴孩子，而是抓紧陪孩子的每一分钟，做到高质量陪伴。陪孩子要"用心"，而不是"用力"，了解孩子的心理需求，多和孩子沟通。

（1）亲子共读。

可以和孩子共读一本书，用家长的力量影响孩子，感染孩子，养成阅读的习惯。

（2）户外活动。

经常带孩子到户外走一走，与大自然亲密接触，使其心胸开阔、心情愉悦。

任务4：相互配合，支持老师

"双减"政策落地，不单单是学校的事，它需要家庭、学校共同努力、协同推进。两者之间要相互配合、相互支持，才会形成合力。在与老师并肩前行的长路上，家长要做到以下几点。

（1）相信老师的专业精神。

请信任老师，不在孩子的面前议论老师，更不要以想当然的态度揣测老师。当你为孩子挨老师批评而心疼时，请你想一想老师的动机和初心。

（2）与老师保持良好的沟通。

联动老师参与指导孩子的学习方法。多听听老师的意见，学会尊重老师。在孩子所存在的问题上，只有双方保持一种愉快而积极的沟通方式，才能共同寻求解决问题的方法。

隔代教育已经成为当代中国教育的一个趋势，它的存在既有优势，但更有明显的弊端。因此，我们的父母要到岗到位，承担起养育孩子的责任；我们的祖辈父辈要相互沟通，寻找孩子教育的平衡点；我们的家长学校，要开设"祖辈家长学堂"。我们必须正视隔代教育的现实，面对隔代教育的问题，扬长避短地探索利于孩子成长和发展的教育方法，让我们老、中、少三代一起来成长。

让教育更有"温度"

——会同县城北学校开展家校合力办学的有益探索

苏联教育家苏霍姆林斯基说过："只有在这样的条件下才能实现和谐的全面的发展，就是两个教育者——学校和家庭，不仅要一致行动，要向儿童提出同样的要求，而且要志同道合，抱着一致的想念，始终从同一的原则出发，无论在教育的目的上、过程上还是手段上，都不要发生分歧。"只有家庭教育和学校教育的协同，才能共同为孩子成长营造一个良好的环境。"和乐教育美人生·艺术特色育英才"是学校的办学理念，"和"亦即"合"，是合作的意思。学校自创办以来，积极探索家校协同办学新路子、新举措，不仅形成了家校协同办学的合力，而且让教育更有"温度"，赢得了家长的赞许，得到了上级主管部门的充分肯定。

一、搭平台，让家长主动参与合力办学

学校位于县城北区，地处城乡接合部，于2018年秋季开始招生办学。学生分别来自林城镇一完小、二完小、三完小化解大班额成建制分流年级、林城镇大石板等区段新入学儿童、异地搬迁户子女、进城务工经商户子女等。说是城区学校，农村学生占比达85%以上，其中留守儿童占比达70%，给对学生的管理工作带来了一定难度，抓好家校协调教育就显得尤为重要。为此，学校积极搭建平台，让广大家长参与到学校教育管理中。

召开家长会。新校办学，设备添置、教学安排、后勤服务、安全管理等各项工作千头万绪。如何开好局、起好步，如何回应家长和社会的疑虑关切，"开学第一课"非常重要。从9月份第二周开始，学校围绕"沟通，从心开始"这一主题，采取分年级方式，利用周末组织召开家长会。6个年级、48个班级、2个周末，全部按时完成任务，各班均成立了家长委员会。成立学校和班级家委会，随后分别召开学校和班级家委会，宣传办学理念，回应上放学学生交通、中午就餐等社会关切的热点问题，与家长代表共商学校管理，广泛征求意见建议。该校通过班级和学校家长会议，共收集到家长意见建议2000余条。以后的每期，城北学校均利用周末召开家长会，而且，家长会主题都不一样，2019年上半学期，家长会的主题为"携手共育和乐少年"，各班家长均对学校提出了合理化的建议。

成立家长学校。2018年11月13日，学校邀请专家举办了"学做智慧家长·培养幸福孩子·创建和谐家庭"主题讲座，540多名家长参加培训，教学使用"互联网+家长学校"APP，开展线上线下家庭教育培训。创建班级家长微信交流群，利用微信群让家长交流讨论日常教育孩子遇到的问题、解决的方法，由班级家委会成员牵头，每周让5名家长推荐一篇家庭教育文章。在学校微信公众号开设"育儿专栏"，鼓励家长积极投稿，分享家庭教育心得，并将优秀稿件推荐到有关网络平台。

组建家长义工团。为进一步促进家长融入学校管理，了解学生在校生活情况，共同帮助孩子们健康快乐成长。2018年12月1日上午，学校成立"以爱为盟·义路同行"——"和乐家长义工团"，为100名家长义工颁发了聘书。建立城北学校家长义工微信群，便于开展志愿工作沟通与交流。随着时间的推移，义工团的队伍逐步扩大，学校家长义工团人数已达200多人。

二、练内功，让教师专业引领合力办学

学校120余名教师是从不同学校选调而来的，是一个新组建的团队。为帮助教师理解学校"和乐教育"的办学理念，适应家校合力办学的教育方式，

学校从三个方面帮助教师提升能力。

1. 提高沟通能力

每月底召开一次教师交流座谈会，由2名资深班主任担任主讲，向年轻教师传授与家长沟通的经验。截至目前，已召开教师交流座谈会10期。以各年级组为单位，每周定期交流本周与家长沟通中遇到的问题，进行针对性分析，提出解决方案，总结与家长沟通的方法。成立家校沟通课题小组，从各年级抽选2名工作经验丰富的教师，专门负责家校沟通课题研究。目前，学校正在开展《探索家校合力的策略研究》课题研究。

2. 提升业务素质

一是学习促成长。坚持"走出去、请进来"的方式，先后多次组织青年教师到省市名校考察学习，并多次将校外名师邀请到学校诊断"把脉"。2020年11月28日，利用全市小学语文会员学校教学研讨活动在会同县举行的时机，学校邀请市教研员唐美蓉、李重莹和靖州县教研员张浪到学校指导教学。2019年5月10日，湖南省师范大学教育科学学院刘德华教授亲临学校进行指导，在饶菊芳校长的陪同下参观了美丽的城北学校。并听取了伍霞老师执教的一年级语文课《小壁虎借尾巴》，梁靓萍、林艳艳、卢桂清、张桂兰老师共同执教的数学和融课堂《轴对称图形》。下午，刘教授有针对性地进行了评课，并开展了"今天我们怎样做教师"专题讲座，从教师有着怎样的困惑、为什么要成为更好的老师、优秀教师的标准是什么、怎样成为一名优秀的教师四个方面进行专题讲座，其中穿插刘教授在国外的所见所闻和照片，开拓了教师的视野，为学校教师解答了教学疑惑并指明教学方向。2019年的暑期培训中，饶菊芳校长特意邀请了全国知名班主任，湖南省特级教师覃丽兰老师到学校讲学。二是教研促成长。学校以"教学活动月"为带动，积极构建"行政推动、骨干带动、教师互动"的校本教研格局。目前，学校校本教研课题达12余个，年级平均达2个以上。三是互助促成长。2019年11月6日，学校举行"和乐青蓝工程"师徒结对仪式，27对师徒成功结对，以"学习、指导、交流、提高、超越"为原则，通过先上示范课、主题讲座、诊断徒弟课堂、议课、磨课、汇报展示等，促进年轻教师快速成长。

3. 展示教师风采

一是例会展示。每周一召开教师例会，其中的"经典欣赏"议程，既是教师最"紧张"的时刻，也是教师最兴奋的时刻。每次例会上，都有教师展示自己的才艺和特长。2018年下半学期，学校以年级组为单位进行才艺展示，各年级教师各显神通，有一年级的舞台剧表演《梁山伯与祝英台》，二年级的以"花"诵读与表演，三年级的太极拳表演，四年级的歌曲表演《凉凉》，五年级的课本剧《刘三姐》，六年级的舞台剧《童年》《长大后我就成了你》，英语组的英文歌联唱，综合组的《C哩C哩》操……老师们的展示可以说是精彩纷呈。2019年的教师元旦晚会更是将我们的展示推向了高潮。2019年的上期，学校的例会展示主题做成了90后教师才艺竞赛，青年教师们使出浑身解数，带给全体教师一次次艺术视觉盛宴。

二是张榜展示。每周通过值周老师、值周行政的观察，年级组的推荐，评出数量不等的"和乐教师"，"和乐教师"们一个个肩披绶带，接受同事们的掌声。一年多下来，光荣榜上留下了每位教师可圈可点的"教师风采"。

三是"美篇"展示。每次活动、评比之后，学校将结果制作成美篇，通过公众号推送给家长欣赏。当看到家长们的一个个点赞，老师们在成就感中感受到了和乐教育、潜心育人的"无上荣光"。

三、抓活动，让家校全面融入合力办学

活动是载体，更是家庭与学校之间的桥梁。学校通过开展形形色色的活动，不断拉近与家长之间的距离，助推家校合力办学。

1. 趣味校运会，家长添活力

2020年10月，学校举办了第一届校运会。为使运动会更有特色，该校设置了家长与学生合作的趣味接力赛项目。比赛前，还担心家长们积极性不高。在分班征询家长意见后，报名参加运动会的家长人数远远超过预定人

数。接力赛时,家长与孩子一起大显身手,大孩子一个个铆足了劲,奋力拼搏,他们既是孩子们的榜样,又成为赛场上一道亮丽的风景。家长们纷纷表示明年还想来比赛。活动有了家长的参与,让家长们有了主人翁意识,同时也增添了不少活力。因此,2021年学校六年级的毕业典礼,就是由家长、学生、六年级老师共同策划、举办的,十分有特色。2021年我校的秋季运动会,各年级的接力赛都由2020年的一、二年级家长孩子混合接力改为全校家长孩子混合接力赛。

2. 义工团护送,家长筑防线

每天上下学高峰期,人们会在学校门口看到一群忙碌的家长,他们不是在接送自己的孩子,而是在护送大家的孩子。自"和乐家长义工团"成立以来,义工团便制定了《家长义工执勤表》,每天安排10名家长义工到校门口疏通交通。在学校门口长约30米的斑马线上,家长义工负责护送学生上下公交车、过马路。他们带着对孩子浓浓的爱,带着对老师们深深的理解和支持,带着自己一颗无私奉献的心,走进了共同的家园——会同县城北学校!不管是在凛冽的寒风中,还是在狂风暴雨中,也许人们还没从温暖的被窝里醒来,我们的家长义工们已经踏着晨暮来到了学校前的马路上,近一年来如一日,风雪无阻。"孩子,雨天积水,下车慢点……""孩子们,当心脚下……""阿姨给我们挡住了车子,我们可以放心过马路了!"……这一句句暖心的话语,每天都在孩子耳边响起。我们的副团长——1704班陶勖妈妈每天组织义工们在群里展开研讨会:总结白天的工作,提出意见和建议,安排明天的任务,接到任务的家长会及时回复"收到"!这就是"爱的承诺"!每一个人都在无私奉献着自己的时间和精力,当老师对义工们说"辛苦了"的时候,他们总是暖心的一句"没事,我们都是一家人"。当义工有特殊事情不能按安排执勤时,义工们总是在群里回复:"我有时间,我去!"这斩钉截铁的话语承载着满满的正能量和深深的感动。他们风雨无阻,从未间断,以无私的付出,守护着学生的出行安全。

3.家长进课堂，孩子最高兴

每周五的最后一节课，是学校各班的班会课。在双周，孩子们会迎来一位"特殊"的教师，他们就是家长。走进课堂的家长，可以是各单位的公务员，可以是各专技人员，可以是家庭主妇，也可以是农民……只要家长愿意，都可以进课堂，给孩子们"上课"。双周的周三，家长上交教案，由班主任审核、修改，然后班主任协助家长完成课件制作；星期五，家长就可以来给孩子们上课。家长们展示的课堂精彩纷呈，有的教孩子们厨艺、有的讲述自己的工作、有的讲做人的道理等。家长进课堂，不但丰富了教学资源，而且更让家长明白老师的不易，从而更积极地配合学校工作。

4.妈妈组团当厨师，后勤有保障

学校食堂聘请了十多位厨师，都是学生家长，她们既是工作人员，又是食堂监督员。她们的小孩在学校读书，每天照顾到小孩，她们心里踏实，做事也会更细心、更有爱心和责任心。每天，在妈妈团的努力下，操作间内，透气通风，干净整洁；消毒柜、留样间、储藏室，井然有序；进货台账、供货信息、食品留样等记录全面；各类厨具分类放置，食用油、酱油、料酒、酸醋等食材排列整齐；储藏室没有多余的蔬菜、肉食，保证每天的菜品新鲜。妈妈团的参与，使学校的家长们对学生的用餐更放心，让学校后勤更有保障。

孩子的成长离不开家庭和学校，土壤越肥沃，雨露越适宜，他们就越会"枝繁叶茂"。家校合力办学永无止境，学校将继续秉承"和乐"办学理念，不断加强与家长的沟通交流，让孩子们健康快乐地成长。

四、师生行动，家校合力，维护社区环境

社区环境，人人有责。学校职工发挥主人翁精神，主动参与社区环境卫生管理，让垃圾回归正位，还给大家一片干净的天地。

3月4日，在一年一度的学雷锋纪念日前夕，学校486名少先队员、部分家长志愿者在共青团会同县委、会同县志愿者协会的组织下参与了"守护好一

江碧水、共同保护母亲河"暨"3·5"学雷锋志愿服务联合行动。

"学思行"

和乐德育模式

修身修己以育人，和乐德育铸师魂

——浅谈城北学校如何打造"学思行"和乐德育模式

湖南省教育厅于2019年启动了"师德养成教育示范县（市区）"的建设，积极探索县域内"全员全方位全过程师德养成"。会同县成功申报为示范县后，遴选了10所示范校。建校两年的会同县城北学校，践行"以德修身，恪守师德；以德修己，弘扬师魂；以德育人，桃李芬芳"的师德核心理念，实施"和乐"教育，倡导"和融协进·乐探求真"的校风，努力打造一支"和意润生·乐育善教"的具有高尚师德的教师队伍。为了实现这一目标，学校探索出"学思行"和乐德育模式，即为学之德、从思之德、立行之德。

一、为学之德——以学树德

"不向前不知道路远，不学习不明白真理。"学习永远在路上。

1. 文化润学

一直以来，学校坚持以文化浸润为先导，始终致力于校园三维文化的不断构建，以文化润学。首先是主题文化学习。学校坚持每周一次的主题文化学习，内容丰富多样，有习近平总书记在全国教育大会的重要讲话学习、党的十九大重要精神学习、"不忘初心、牢记使命"主题教育学习等，以提高教师们的思想觉悟。其次是传统文化学习。学校为"怀化市传统文化进校园示范校"，因此，传统文化的学习成为学校教师的常态化学习。其中有晨读——师生共诵读经典，午读——师生共阅读文学名著，晚读——师生赛读阅读打卡，以学习古人的爱国情怀和高尚情操；师生共学四礼：天揖礼（见长辈所行之礼）、时揖礼（见平辈所行之礼）、土揖礼（向晚辈回礼）、拱手礼（亲密关系行之礼），有礼作揖，成校园新风尚；师生共学非遗文化，以感悟经典魅力、陶冶情操，如雕蜜饯、茶艺、太极拳、戏曲等。最后是制度文化学习。每学期初，学校德育处便组织教师学习《中华人民共和国义务教育法》《中华人民共和国教师法》《师德修养与教育法规》《教师"十不准"》等，并签订责任状，以提高教师的法律法规意识。同时，在例会、年级校长会上，学校均会组织制度文化学习，时时提醒教师注意自己的言行举止，温习法律法规，以增强法律意识。文化浸润，让教师们思想上有了新认识、行动上有了新指引。

2. 课程促学

学校师德培训的校本课程主要为例会培训课程与师德专题培训课程。学校每周例会中的"时政快递"栏目就是例会师德课程，此栏目形式多样，可以是各地有关师德的新闻，也可以是教育小电影或小播报，还可以是校内师德小故事等。而每学期，学校至少进行两次师德专题培训，如学校以"浸润文化以修身，传承经典以养德"为主题开展了师德暑期培训，请专家进行讲座；为弘扬中华民族的经典文化和传统美德，会同县教师进修学校在学校开展了《师德养成教育》培训项目之诵读经典启动仪式，倡议全体教师好读书、读好书；学校又开展了"身边最美"师德演讲比赛，评选出10位师德标兵等。

二、从思之德——促思养德

孔子说："学而不思则罔。"良好师德的养成也是教师积极向上思维方式的转变过程。

1. 抓常规夯实基础

几年来，学校将教学常规、教师日常行为规范作为重点工作来抓。第一，重视教学常规工作，严把日常管理关。每月，教研组、教导室都会对全体教师的备课、批改作业情况进行检查并登记，要求备课要完善并符合学生的学情，批改作业要细致，有日期、有评语。第二，重视课堂教学要求，严把课堂教学关。课堂教学是提高教学质量的重要环节，是学生学习的主战场。因此，学校举行了"和乐青蓝工程"师徒结对仪式，由有经验教师对青年教师的课堂教学、班级管理进行手把手指导。另外，学校为锤炼教师的课堂教学能力，扎扎实实搞教研，采用了"一三二"深度三级教研模式：每天至少一次办公室教研，对当天的教学难点进行研讨；每周三次教研，一次以各年级教研组为单位的集中研讨，两次利用晚上以学科为单位的微信沙龙研讨；每学期两次大型教研活动会，形式多样，有时是教育论坛，有时是示范课、汇报课相融合，有时是同课异构等。第三、重视教师日常行为，严把师德师风关。每期至少一次对学生、家长进行问卷调查，对最喜欢教师不记名投票，设立了校长信箱等，了解教师是否有违反师德的行为。

2. 树典型示范引领

首先，党员同志以身示范。几年来，学校将党建工作同提升教育教学质量、强化学生德育教育、创新家校教育模式相结合，全力创建"党建+X"品牌学校，基层组织力明显提升。党员教师主动上示范课达60人次以上；党员带头清理卫生死角、种花种草；党员教师带头定期进行国旗下的讲话，定期对偏离正常轨道的孩子进行思想指导，并将德育融入课堂，提升学生思想素质；以党支部为首，定期对家长进行培训；特别是疫情防控期间，党员同志带头捐款。党员的引领，使学校教师作风建设有了质的转变，越来越多的教师向党组织靠拢。其次，行政班子吃苦在前。班子成员坚持学习，每周一升旗仪式后，班子成员对党的重大会议资料、上级文件精神、教育工作会要求等进行了深入地学习和领会，提高政治意识、大局意识、核心意识、看齐意识。坚持自我剖析，班子成员对自己的工作进行了深刻的剖析，查找了自身不足，提高了思想认识。坚持深入一线，除了校长无法上主科外，其他班子成员依然坚持全部担任语、数、科主科教学，12位行政就有10位奋战在教学任务重的五、六年级，担任把关老师，每位行政人员的教学效果较好，做到教学工作与行政工作两不误。坚持廉洁自律。学校行政人员严格遵守廉洁自律的有关规定。学校实行校务公开制度，在基建、经费支出等重大问题的决策上，发扬民主，集体讨论，增加透明度，严格执行财经制度，评优评先晋级制度，如县、校优秀党员的产生，就是通过打分、全体教师投票产生。在城北学校，优秀是干出来的，而不是争来的、捧来的。最后，每周评比"和乐教师"。值周行政人员将本周表现突出的典型教师评为"和乐教师"，在例会上，为他们披上绶带，表扬他们的先进事迹。教师们争相学习，学校形成力了争上游新风尚。

3. 勤反思修己修身

"吾日三省"是一种很好的自我修养，是一种不断提升自己，使人生得到升华的良好途径。学校教师均备有反思本，时刻反思自己的言行。另外，学校经常以年级组、党小组为单位组织自我剖析会、民主生活会等，以提高教师们的师德、教学等各方面的素养。如学校就网络教学进行了一次长达一个月的大型教育教学反思活动。本次活动分年级、分学科进行，真正做到人人参与、人人发言、人人有分享、人人有反思。活动的召开，进一步强化了全体教师的教育教学意识，促使大家在教学中反思、在反思中改进、在改进中提高，以昂扬斗志砥砺前行！

三、立行之德——践行立德

古人云："动人以言者，其感不深；动人以行者，其应必速。"以践行来立德，其效果斐然。

1. 教师团结奋进振人心

同心山成玉，协力土变金。学校以同心同德之态，创造了教育的生机与活力。2019年8月，因进修学校装修，受教育局和教师进修学校的委托，学校承担了教师第二期、第三期培训，34人次担任客座教师，12人次担任教师培训班班主任，教师们团结一心，圆满完成任务。2019年10月，学校与职中承办县中小学运动会，为了向全县人民展示我们的素质教育成果，全体教师出动，烈日下，风雨中，乘车、带饭到体育场，排除万难，齐心协力，开幕式取得了空前好评。疫情防控期间，全体教师相互学习、相互督促，集体上网课，真正做到"停课不停教"。2020年5月，市教育局到我校验收"中华优秀传统文化进校园示范校"成果，短短一周，15个文艺节目精彩上演，48个教室焕然一新，各具特色。年级文化长廊主题突出，精彩纷呈，得到了领导的高度赞誉……

2. 家校合力办学暖人心

家校合力办学是教育的最佳状态，学校为促进家庭教育，付出良多。第一，定期家长会。每期或召开一次座谈会，或一次专家培训会，或一次经验交流会，以提高家长的教育意识。第二，家访常态化。接新班的第一学期，班主任要进行全员家访；对有问题的学生，必须家访。第三，爱心助儿童。2019年12月，学校成立"和乐爱心志愿者协会"，城北的教职工率先垂范，为人师表，奉献爱心，走访并资助贫困儿童20余人次，以实际行动践行着"爱心、责任、敬业"的核心师德。基于学校教师的榜样付出，学校的家长义工延续着走进课堂、校外值勤、妈妈食堂等。家校合力让学校的发展更近一步，学校被评为"全国家庭教育创新实验基地"。

3. 学生和谐发展乐人心

老子说："欲致鱼者，先通谷；欲求鸟者，先树木。水积而鱼聚，木茂而鸟集。"德育课程文化的打造，有效地浸染学生的举止。一月，爱生活，尊重生命，尊重别人，友好相处，与人为善。二月，抓常规，学习学校各项规章制度。三月，互助节，学雷锋，结合"三八"国际妇女节关爱家中女性长辈，在学校、社区开展学雷锋活动。四月，阅读节，走进书本，与大师对话。学习英雄故事，为粟裕爷爷扫墓，参观粟裕纪念馆等。五月，感恩节，感恩祖国，感恩家乡，感恩父母，感恩老师，感恩每一个帮助过自己的人。六月，儿童节，了解少年先锋队的知识，寻找幸福，获取幸福感，明了自己身上肩负的责任。七月，热爱党，了解党的历史，党的事业。八月，修身心，身边人因为我而快乐，在乎身边人的感受，反思自己的行为等。九月，体育节，强身健体，学会尊敬师长，选择自己喜欢的体育项目。十月，礼仪节，文明行，内容包括文明乘车、文明用餐（有序就餐、安静餐厅、光盘行动）、文明用语、文明行走（不乱扔垃圾和弯腰行动），参与实践活动，小手牵大手，文明到处走，我们将文明推向社区，乃至整个县城。学习祖国的灿烂文化，了解近代中国的屈辱历史，小学生如何爱祖国等。十一月，展示节，人人参与，展示自己的特长。十二月，科技节，保护学校及周边环境，垃圾分类，爱护公物，节水节电，科技创新。课程文化的引领，让城北学子思想上进步向上、行为上规范有礼。"和正亲师、乐学雅行"的城北学子的习惯正在养成。

"新竹高于旧竹枝，全凭老干为搀扶。"自从参加了师德养成教育培训项目以来，学校的方向更加明晰、步伐更加踏实，在前行中，探索总结出了"学思行"和乐德育模式。在今后的工作中，学校还将在学习中反思、反思中践行，让"学思行"和乐德育模式更加完善，更好地做到：修身修己以育人，和乐德育铸师魂！

参考文献

［1］任伟.德育悖论视角下"师德"概念的重构［J］.新课程，2015（2）.

［2］王言锋.提高师德"三真"境界解决德育"两面性"问题［J］.基础教育研究，2015（9）.

"学思行"和乐德育模式活动展示

"稻花香里忆起您——袁隆平"主题升旗仪式

"有这样一个人，心中有两个梦，一个禾下乘凉梦，一个覆盖全球梦……" 2021年5月24日正值星期一，这天上午，为深切缅怀"共和国勋章"获得者、"杂交水稻之父"袁隆平院士，引导少先队员们从小学先锋，长大做先锋，学校组织全体师生举行"稻花香里忆起您——袁隆平"主题升旗仪式，讲述袁隆平院士先进事迹，学习他的崇高精神。他是学霸，自称"90"后；他像一位农民伯伯，却是著名的科学家；上大学时坚决选择学农并立下誓言"我要用农业科学技术，让所有的人不再饥饿"；美国专家质疑"21世纪谁来养活中国人"，他为此拍案而起，"高科技养活中国人，中国人的饭碗一定要端在自己手里！"一稻济世，万家粮足，国士无双，先生千古，一个个感人的耕耘故事，让全校师生对袁老无限尊敬和思念。

"以后一定好好珍惜每一粒粮食，来报答袁爷爷对我们全人类作出的贡献""袁隆平爷爷一辈子把人民的粮食问题放在心上，让祖国和人民的利益高于一切！这与我们少先队员五指并拢高举头上所表示的队礼精神意思是一样的"……听完袁隆平爷爷的故事后，队员们纷纷表示。

此次活动，使队员们充分学习了解了袁隆平院士造福世界的技术、攻坚克难的勇气、乐观豁达的心态，充分激发了队员们以袁爷爷为榜样，从小学先锋，长大做先锋，为实现中华民族伟大复兴的中国梦做全面准备的爱国精神。（2021年5月4日发表于《湖南日报·新湖南》）

组织少先队员开展清明祭奠英烈活动

2021年4月2日上午，学校以党史学习教育为依托，积极开展"清明祭奠英烈，传承红色基因"教育活动。党员教师与少先队员代表在《没有共产党就没有新中国》的嘹亮歌声中，前往粟裕大将纪念碑开展缅怀革命先烈活动。

在庄严的粟裕大将纪念碑前，全体少先队员献唱《我们是共产主义接班人》，重温入队誓词、敬献花篮、师生向纪念碑三鞠躬、全体党员重温入党誓词。接下来，少先队员共同呼号"为了共产主义事业，时刻准备着"的铮铮誓言。

在建党100周年到来之际，学校党支部与德育处将结合党史学习教育，在全校展开形式多样的忆先烈、祭英雄、学党史活动，切实教育广大少先队员扣好人生的第一粒扣子，争做新时代追梦人，让红色基因真正融入血脉，薪火相传，时代永续。（2021年4月2日发表于《科教新报·新湖南》）

开展"守护好一江碧水"雷锋志愿服务活动

为深入贯彻落实党的十九大精神，积极践行习近平总书记关于"守护好一江碧水"的殷殷嘱托，2021年3月4日，在一年一度的学雷锋纪念日前夕，学校486名少先队员在共青团会同县委、会同县志愿者协会的组织下参与了"守护好一江碧水、共同保护母亲河"暨"3·5"学雷锋志愿服务联合行动。

活动中，小志愿者们沿着县湿地公园水岸绿城段一路向前，认真捡拾河道旁的饮料瓶、塑料袋、烟头等废弃垃圾并进行了统一处理。小志愿者们不怕脏、不怕累，干劲十足，以自己的实际行动展示了学校少先队员的精神风貌。

此次学雷锋志愿服务活动，小志愿者们用自己的实际行动践行了雷锋精神，通过"带头学雷锋、主动作表率"，带动更多的人成为环保志愿者，为保护该县的绿水青山贡献一份力量。（2021年3月4日发表于"掌上怀化"）

"县委书记老师"上思政课

2021年1月7日下午，学校"思政大课堂"迎来了一位特殊的老师——会同县县长，他为五年级全体师生300余人带来了一堂题为"当好社会主义建设的接班人"的思政课。在课堂上，县委书记周立志紧紧围绕"信仰、坚持、感恩"三个关键词对学生进行授课。

县委书记周立志以城北学校名字中"北"字的三层含义，开篇立意，指引方向，明确目标，引导学生找到人生中的"北"，从城北学校走出去，成为社会主义建设者，会同县城北学校将立德树人融入思想政治课堂、德育管理、文化育人三大主阵地。建立"每周两节思政课+每周一次班会课+每周旗下讲话"的三级课程，确保思政课无死角；建立"专职教师+班主任+德育主任"的专兼职师资结构，确保思政教育全覆盖。（2021年1月8日发表于《科教新报·新湖南》）

为进一步增强少先队员们的环境保护意识，2020年12月9日学校180名余名少先队员走进县渠水湿地公园，开展主题为"保护湿地环境，践行绿水青山就是金山银山"的红领巾微公益行动。

活动的设计是学校大队委在积极响应团县委关于贯彻《湖南省"十四五"生态环境保护规划编制意见征集公告》而提出的。队员们在自主探索设计活动的过程中，辅导员引导队员带动身边的大朋友参与活动，活动分为三个层次：从自身做起，带动身边家人，带动社区居民。

少先队员们与家长们小手拉大手分成两组走到河道的两旁，手提垃圾袋、高唱中国少年先锋队队歌沿着湿地两岸仔细搜寻，草丛边，灌木丛里的食品袋、塑料瓶、泡沫等一一被捡起，并按可回收垃圾和不可回收垃圾进行分类投放，收集转运。

活动结束后，队员们纷纷分享感受："今天阳光真灿烂，我们在渠水湿地公园里用双手实践了保护环境的责任，路过的叔叔阿姨们还夸我们从小就学习保护环境非常棒！""我捡了许多不同颜色，不同形状的叶子，我要做一幅贴画来纪念这个有意义的一天！"其中一名队员以不同的视角分享道："今天的湿地公园似乎和以前不一样，可能是我们的目的不同吧，我们没有时间欣赏公园的风景，只注意到了地上的垃圾。湿地环境光靠我们保护还不行，需要发动更多人，一同保护我们的碧水蓝天。"

本次活动让学生走出课堂、走进自然，真正体验到了"绿水青山就是金山银山"的重要意义，使队员们真正做到了在"游"中学习、在"学"中体会乐趣，这样的微公益活动更让队员们感受到了自己存在社会中的价值感。

"百年党史百人讲"活动

一、方案

为隆重庆祝建党100周年，传承红色基因、赓续红色血脉，学校团支部联合校大队部组织团员青年教师、学生家长、少先队员成立"百年党史百人讲"红色故事宣讲团，并利用学校微信公众号进行宣传。

1. 主题明确：讲红色党史。

2. 录音：音频时间尽量控制在2分钟到6分钟，可以搭配背景音乐。

3. 录音格式：

团员教师版开头：品读百年党史，传承红色基因，大家好，我是会同县城北学校党史宣讲员×××，今天，我为大家讲述党史故事《　　　　》。

少先队员版开头：品读百年党史，传承红色基因，大家好，我是会同县城北学校党史宣讲员2001××中队（学生姓名）的（称谓）（家长姓名）。（如果是党员，可以加一句"我也是一名党员"，不是就不加）今天，我为大家讲述红色故事：《　　　　》。

家长版开头：品读百年党史，传承红色基因，大家好，我是会同县城北学校党史宣讲员2001××中队（学生姓名）的（称谓）（家长姓名）。（如果是党员，可以加一句"我也是一名党员"，不是就不加）今天，我为大家讲述红色故事《　　　　》。

中间："故事内容"。

结尾：学党史，知党情，跟党走，感谢您的收听，再见！

4. 上交材料：音频、党史名称及文字内容、本人姓名及本人照片（家长的照片可以是和孩子的合照）。

5. 上交方式：材料统一打包微信或邮箱发给相关人员。

共青团会同县城北学校支部城北学校大队部

二、优秀作品展示

作品1

品读百年党史，传承红色基因

大家好，我是会同县城北学校红领巾党史宣讲员，来自1706五色花中队的张雯。今天，我为大家讲述红色故事《伤臂将军粟裕》。

1930年2月上旬，已担任红军领导职务的粟裕接到上级准备打吉安的命令，心里特别高兴，憋了这么长时间，总算可以打一场了，正当他摩拳擦掌的时候，上级又改变了命令。

一听到这个消息，粟裕心里凉了半截。原来红军的作战计划被国民党知晓，中央只有改变计划。国民党果然中计了，于是红军与国民党军队相遇在水南、值夏一带，战斗打得异常激烈。粟裕初次担任领导职务，作战经验不足，见部队几次冲锋都没什么效果，于是他一把夺过一挺机枪，带头就往上冲。谁知敌人火力更猛，粟裕心里很不服气，"看你凶，我要打掉你"，只见他猛然甩掉头上的帽子，手一挥，高喊一声"冲！不怕死的跟我上"，只听见"轰"的一声，一发炮弹在他身边爆炸。粟裕只觉得眼前一片漆黑，就不知道怎么回事了。几天后，粟裕才从昏迷中醒来。粟裕再次受伤是在江西硝石与许克祥部下的一个师交战，敌人的力量远远多于粟裕的部队，敌人见红军少，不断发起进攻。粟裕看在眼里，急在心里。于是他就和萧劲光商量："我看这样下去不行，牺牲的人会越来越多，要不我亲自带队去干掉敌人这个据点。"萧劲光说："那怎么行啊！你是参谋长，出了事情怎么办，还是再看看吧！"粟裕说："有什么不行的，参谋长也是战士。"粟裕坚持要亲自带兵上阵，敌人开枪粟裕躲闪不及，左臂被打中，只见血"扑"的一声喷涌出来，身边的警卫员看到粟裕摇晃了几下，倒在了地上。"参谋长怎么了？"身边的警卫员慌忙喊着。原来粟裕的手血流不止，人已经昏死过去了。粟裕被转送到军医院，军医院的医生一检查，脸上露出难为的神情说："参谋长伤势严重，神经都打断了，已经感染，出现坏死现象。"直到后来，粟裕的左臂也没治好，伤痛伴随着他走过了传奇的一生。

学党史，知党情，跟党走。从小学先锋长大做先锋，感谢您的收听，再见！

作品2

品读百年党史，传承红色基因

大家好，我是会同县城北学校红领巾党史宣讲员，来自1803班多多中队的于昕灵。今天，我为大家讲述红色故事《永远的九岁》。

你，瘦骨嶙峋却挑着一颗大大的脑袋，令所有见到你的人都心生怜悯！当你像羽毛一样飘落在血泊中时，你只有九岁，瘦小得就像一只嗷嗷待哺的小鸟，孱弱得就像一棵未及展开的幼苗。

我是在小说《红岩》里认识你的。我知道你刚满周岁就与父母流徙辗转，从此坠入了一个无尽的长夜。现在，我就站在重庆的歌乐山松林坡，你的生命就是在这里被无情地掠夺的。面对你的雕像，许久我都没有转身。想起七十多年前的那晚，便觉得身上的体温被阴森的冷气带了去。

那天雾浓吗？那天的夜色暗吗？那一刻你害怕了吗？当刽子手将匕首插入你的胸膛，当你渐渐暗淡下去的目光最终瞥向妈妈时，你看到妈妈那痛得滴血的双眸了吗？

现在，站在你的雕像前，抚摸你纤弱的臂膀和瘦弱的脚趾，我实在想不出刽子手将冰凉的匕首插进你胸膛的理由。有人说，你是共和国最年轻的烈士。对你，这是一份光荣，对我，却是难以想象的沉重，你和我一样只有九岁呀！你却承受了生命的如此之重！然而，正是有千千万万个像你这样的革命烈士用鲜血浸染了共和国的基石，才换来了我们今天的美好生活。让我们知道了什么是自由，什么是尊严，什么是人道，什么是理想和信念。

小萝卜头，很少有人知道你的大名是宋振中。九岁时，你与你的父母被反动派杀害于新中国诞生的前夕，你的生命终结于九岁，也升华于九岁，灿烂于九岁。你放飞蝴蝶的那一瞬，已永远刻在了亿万人民的心中。

学党史、知党情、跟党走。从小学先锋，长大做先锋，感谢您的收听，再见！

作品3

品读百年党史，传承红色基因

大家好，我是会同县城北学校红领巾党史宣讲员杨明珍。今天，我为大家讲述党史故事《灯光》。

我爱到天安门广场走走，尤其是晚上。广场上千万盏灯静静地照耀着天安门广场周围的宏伟建筑，使人心头感到光明、感到温暖。

清明节前的一个晚上，我又漫步在广场上，忽然背后传来一声赞叹："多好啊！"我心头微微一震，是什么时候听到过这句话来着？噢，对了，那是很久以前了。于是，我陷入了深深的回忆。

1947年的初秋，当时我是战地记者。挺进豫皖苏平原的我军部队，把国民党74军57师紧紧地包围在一个叫沙土集的村子里。激烈的围歼（jiān）战就要开始了。天黑的时候，我摸进一片茂密的沙柳林，在匆匆挖成的交通沟里找到了突击连，来到了郝（hǎo）副营长的身边。

郝副营长是一位著名的战斗英雄，虽然只有22岁，但是已经打过不少仗了。今晚就由他带领突击连去攻破守敌的围墙，为全军打通歼灭敌军的道路。大约一切准备工作都完成了，这会儿，他正倚着交通沟的胸墙坐着，一手拿着火柴盒，夹着自制的烟卷，一手轻轻地划着火柴。他并没有点烟，却借着微弱的亮光看摆在双膝上的一本破旧的书。书上有一幅插图，画的是一盏吊着的电灯，一个孩子正在灯下聚精会神地读书。他注视着那幅图，默默地沉思着。

"多好啊！"他在自言自语。突然，他凑到我的耳朵边轻轻地问："记者，你见过电灯吗？"

我不由得一愣，摇了摇头，说："没见过。"我说的是真话。我从小生活在农村，真的没见过电灯。

"听说一按电钮，那玩意儿就亮了，很亮很亮。"他又划着一根火柴，点燃了烟，又望了一眼图画，深情地说："赶明儿胜利了，咱们也能用上电灯，让孩子们都在那样亮的灯光底下学习，该多好啊！"他把头靠在胸墙上，望着漆黑的夜空，完全陷入了对未来的憧憬里。

半小时以后，我刚回到团指挥所，战斗就打响了。三发绿色的信号弹升上天空，接着就是震天动地的炸药包爆炸声。守敌的围墙被炸开一个缺口，突击连马上冲了进去。没想到后续部队遭到敌人炮火猛烈的阻击，在黑暗里找不到突破口，和突击连失去了联系。

整个团指挥所的人都焦急地钻出了地堡，望着黑魆（xū）魆的围墙。突然，黑暗里出现一星火光，一闪又一闪。这火光虽然微弱，但对于寻找突破口的部队来说已经足够亮了。战士们靠着这微弱的火光冲进了围墙，响起了一片喊杀声。

后来才知道，在这千钧（jūn）一发的时候，是郝副营长划着了火柴，点燃了那本书，举得高高的，为后续部队照亮了前进的路。可是，火光暴露了他自己，他被敌人的机枪打中了。

这一仗，我们消灭了敌人的一个整编师。战斗结束后，我们把郝副营长埋在茂密的沙柳丛里。这位年轻的战友不惜自己的性命，为了让孩子们能够在电灯底下学习，他自己却没有来得及见一见电灯。

事情已经过去很长时间了。在天安门前璀（cuǐ）璨（càn）的华灯下，我又想起这位亲爱的战友来。

作品4

品读百年历史，传承红色基因

大家好，我是会同县城北学校红领巾党史宣讲员2009班千里马中队侯今溪的家长侯大勇。今天，我为大家讲述红色故事《两弹一星，扬眉吐气》。

20世纪50年代是极不寻常的时期，当时面对严峻的国际形势，为抵制帝国主义的武力威胁和核讹诈，50年代中期，以毛泽东同志为核心的第一代党中央领导集体根据当时的国际形势，为了保卫国家安全、维护世界和平，高瞻远瞩，果断地作出了独立自主研制"两弹一星"的战略决策。

大批优秀的科技工作者，包括许多在国外已经有杰出成就的科学家，以身许国，怀着对新中国的满腔热爱，响应党和国家的召唤，义无反顾地投身这一神圣而伟大的事业中来。"一个人可顶美军五个师"的钱学森突破美国层层阻碍，终于回国。已是爱尔兰皇家科学院院士的彭桓（huan）武说："回国不需要理由，不回国才需要理由。"

他们和参与"两弹一星"研制工作的广大干部、工人、解放军指战员一起，在当时国家经济、技术基础薄弱和工作条件十分艰苦的情况下，自力更生，发愤图强，完全依靠自己的力量，用较少的投入和较短的时间，突破了原子弹、导弹和人造地球卫星等尖端技术，取得了举世瞩目的辉煌成就，中国人民的腰板终于挺了起来，扬眉吐气！

1960年11月5日，中国仿制的第一枚导弹发射成功；1964年10月16日15时，中国第一颗原子弹爆炸成功，使中国成为第五个有原子弹的国家；1967年6月17日上午8时，中国第一颗氢弹空爆试验成功；1970年4月24日21时，中国第一颗人造卫星发射成功，使中国成为第五个发射人造卫星的国家。中国的"两弹一星"是20世纪下半叶中华民族创建的辉煌伟业。

"两弹一星"铸就了共和国的核盾牌，奠定了我国国防安全体系的基石，打破了西方大国的核威胁，对我国科技进步和经济发展起到了巨大的推动作用，也为向科技创新型国家发展打下了坚实的基础，更为我国战略核力量的建立和发展提供了有力的武器装备保障，促进了我国战略威慑体系的形成。

学党史，知党情，跟党走。感谢您的收听，再见。

清明祭奠英烈传承红色基因
——中国少年先锋队会同县城北学校大队清明祭奠英烈活动

一、活动背景

2021年是建党100周年，百年来共约有2000万名烈士为了民族解放、人民解放和国家富强、人民幸福献出了自己宝贵的生命，他们是民族的脊梁、人民的英雄，为传承和弘扬英雄烈士精神，激发爱党爱国情感、振奋民族精神，学校抓住清明时间节点开展具体、生动、有温度的党史学习教育，特作此方案。

二、活动主题

清明祭奠英烈中，传承红色基因。

三、活动目的

本次活动以前往粟裕公园开展清明祭英烈活动为切入点，教育和引导广大少先队员永远铭记英雄烈士的牺牲和奉献，共同营造崇尚、学习、捍卫英雄烈士的浓厚氛围，在仪式熏陶、沉浸式情景、实践活动中，不断增强少先队党史学习教育的有效性、感染力。

四、活动时间

4月2日上午9：00～11：00。

五、参加人员

四年级全体师生、校领导及工作人员。

六、活动准备

（1）少先队大队部去粟裕公园进行实地考察，并熟悉路线，统计参加此次活动的人数。

（2）打印一条横幅，内容为"清明祭奠英烈中传承红色基因"。

（3）提醒学生保持通信，出现异常情况应立即与班主任取得联系，以便采取相应的应急措施。

（4）学生统一着秋季校服+马甲，教师统一着校服。

（5）花篮两个、1面大队旗、6面中队旗。

（6）音响。

七、活动流程

（一）出发

（1）9时在学校门口大坪集合，各班清点人数，预计9：10出发。

（2）在路上，各班组织学生讲好粟裕等革命烈士的生平及故事。

（二）粟裕公园

（1）爬山过程中，各中队组织学生边走边唱《没有共产党就没有新中国》，要求声音洪亮、演唱统一，队伍整齐。

（2）合唱中国少年先锋队队歌、重温入队誓词。

（3）敬献花篮。

（4）朗诵《少年中国说》。

（三）总结

集合清点人数后回学校。

八、活动注意事项

（1）参与人员要有集体主义感，行为不能随意、散漫，及时到达指定地点，尽量不要单独出走。

（2）粟裕公园烈士陵园是一个严肃的地方，参与人员要体现当代学生的良好素质，保持好秩序。

（3）由于是外出活动，参与人员要注意人身和财产安全。

九、人员安排

路队、集会队伍：体育组（粟文东）。

安全纪律工作：班主任及搭班老师。

摄影：吴传清、卢桂清。

宣传：杨浏成。

2021年"红心向党迎百年争做时代好队员"一年级入队仪式活动策划

一、仪式目标

（1）帮助队员了解《中国少年先锋队章程》，懂得加入少先队的意义，初步培养队员珍爱红领巾、热爱少先队的情感。

（2）通过庄重的入队仪式，增强队员加入少先队组织的光荣感和自豪感。

二、仪式时间

正式入队时间：5月31日上午。

三、仪式地点

学校报告大厅。

四、参与人员

一年级全体师生、校外辅导员1名。

入队对象。

五、人数

一年级第一批入队的150名同学。

六、仪式准备事项

（一）一年级班主任

（1）各班主任把"入队新队员名单"于5月28日之前交给杨浏成老师。

（2）各班主任指导新队员填写"入队申请书"（学校印发，要求学生自己填写），5月28日下午前以年段为单位交到大队部。

（3）各班主任利用班会课时间进行入队知识教育，帮助学生熟记入队誓言、呼号、队歌，并训练敬队礼和传达关于少先队的成长史教育。（提示学生：宣誓人要说自己的名字）。

（4）由年级校长推荐一名新队员发言，并进行培训。发言稿于5月27日之前发给杨浏成老师。

（二）其他

（1）5月31日下午2：00到学校报告大厅集合。

（2）全体少先队员必须佩戴红领巾，注意保持会场秩序和纪律。

（3）各中队长负责中队旗，并站在队列的首位。

七、入队仪式程序

入场前观看《队前教育视频》。

（1）全体立正，仪式开始。

（2）出旗（奏出旗曲，全体队员敬礼）。

（3）唱队歌。

（4）宣读组建一年级少年队组织的决定，宣布新队员名单。

（5）为新队员授巾。

（6）新队员宣誓。

（7）为新建中队授中队旗。

（8）为新建中队聘请中队辅导员。

（9）为校外辅导员颁发证书。

（10）新队员代表发言。

（11）校长讲话。

（12）呼号。

（13）退旗。

（14）仪式结束。

八、具体工作安排

（一）队前教育

（1）学党史。

带领高年级红领巾讲解员进入一年级各班教室进行红色故事宣讲。

负责人：杨浏成。

（2）写入队申请书

组织每位学生积极申请加入少先队，每位学生会写入队申请书，先写入队申请书再进行入队考核。

负责人：李雪燕、一年级各班班主任。

（3）"准备入队章"考核。

先由班主任对申请加入少先队的学生进行基本考核，基本考核通过，再由大队部组织大队委成员进行最终考核。

负责人：梁海娟、覃琴、杨浏成、杨明珍。

（二）入队仪式准备

（1）主持人、旗手培训。

负责人：杨浏成。

（2）红领巾、辅导员证书、宣传海报等物料。

负责人：杨浏成。

（3）新队员代表发言、聘请一名校外辅导员。

负责人：石金梅。

（三）入队仪式

（1）纪律、音响等现场布置。

负责人：卢桂清、综合组成员。

（2）拍照、摄影。

负责人：吴传清、卢桂清。

（3）宣传（新闻报道、美篇）。

负责人：德育处。

城北学校"请党放心 强国有我"建队日活动方案

一、活动意义

为深入贯彻落实习近平总书记"用实际行动把红色基因一代代传下去""从小事做起，从身边做起，努力争做新时代的好队员"的要求和勉励，增强少先队员光荣感和组织归属感，教育引导队员们听党的话，跟党走，从小学习做人、从小学习立志、从小学习创造，努力成长为担当民族复兴大任的时代新人。在少先队建队日之际，中国少年先锋队城北学校大队开展"请党放心强，国有我"庆祝建队72周年主题活动。

二、活动主题、时间

主题：请党放心 强国有我。

时间：2021年10月7日—30日。

三、活动内容

（1）主题队会：队前教育"六知六会一做"（10.12）、"学习习近平书记'七一'重要讲话精神"（10.12）。

（2）组织收看由共青团中央、全国少工委于10月13日19：00～20：30面向全国少先队员举办的"请党放心 强国有我"主题云队会。

（3）实践活动"一做"：结合传统节日重阳节，为家人或班级、学校做一件好事，并以中队为单位做一个美篇。（10.17截止）

（4）手抄报比赛：一至三年级以"六知六会一做"为主题，四至六年级以"学习习近平书记"七一"重要讲话精神"为主题。（10.20截止）

（5）健全少先队文化阵地：中队教室应配有红领巾图书角、红领巾文化墙（内墙）。（10.20截止）

（6）入队仪式：二至六年级参加。（10.13举行）

四、入队准备事项

（1）各中队辅导员指导新队员填写"入队申请书"，10月12日下午前以年级为单位交到大队部。

（2）各班主任利用班会课时间进行入队知识教育，帮助新队员熟记入队誓言、呼号、队歌，并训练敬队礼和传达关于少先队的成长史教育。（提示学生：宣誓人要说自己的名字）

（3）由三年级组长推荐一名新队员发言，并进行培训；发言稿10月12日之前发给杨浏成老师。

（4）10月13日下午1：50到学校报告大厅集合。（二、三年级两个学生坐一个位置，六年级学生另搬凳子坐）

（5）全体少先队员必须佩戴红领巾，注意保持会场秩序和纪律。

（6）各中队长须持中队旗带队参加入队仪式，并站在队列的首位。

五、人员安排

（1）主持人、旗手培训、PPT视频。（杨浏成）

（2）600条红领巾。（赵文）

（3）教唱队歌。（音乐组老师）

（4）献唱红歌。（1901蒋雨桐）

（5）红领巾党史宣讲。（1701刘品萱）

（6）新队员代表发言。（三年级梁菲）

（7）音响、话筒准备。（卢桂清）

（8）拍照、摄影。（吴传清）

（9）宣传（新闻报道、微信公众号）。（陈桂林、杨浏成）

（10）现场组织、维稳。（粟文东、综合组）

老队员为新队员佩戴红领巾：

红领巾党史宣讲员向训新队员讲述党史故事：

"他们是英雄，更是母亲！"主题教育

为聚焦培养共产主义接班人，聚焦传承红色基因，聚焦政治启蒙和价值观塑造，把握增强少先队员光荣感工作主线，学校组织全体学生在"母亲节"来临之际开展了"她们是英雄，更是母亲！"党史学习教育。

"宁儿，在你长大成人之后，希望你不要忘记你的母亲是为国而牺牲的！"在周一升旗仪式上，全体师生认真聆听了由1606中队邓梦瑶讲述的女英雄赵一曼为了革命事业牺牲自己，临终前留给自己孩子信的故事。英雄母亲信里的字字句句，让师生动容泣泪。

学校全面深化少先队改革，聚焦主责主业，改掉了传统的"母亲节"感恩教育活动，将"母亲节"的感恩教育焦点更多地放在了"大爱"上。全体师生在"母亲节"当天通过"学习强国"APP、微信公众号等媒体平台学习了赵一曼、沂蒙母亲王换于、无儿无女的张桂梅"妈妈"等英雄母亲的故事。学校少先队辅导员活动中总结道："爱妈妈的感恩教育任何人、任何组织都会说、都能讲，甚至一位普通的妈妈也能讲得明明白白，但是为民族、为国家、为革命作出牺牲的英雄母亲事迹，如果少先队不去讲述，可能孩子们很少意识到，民族复兴的道路上一直有人牺牲自我，播撒大爱，只有把个人的拼搏与命运和伟大的事业紧紧地系在一起，才是真正的强国一代新人。"

一个有希望的民族不能没有英雄，一个有前途的国家不能没有先锋，通过此次活动，学校以一个新的"视角"强化了学生的政治启蒙和价值观塑造，旗帜鲜明地为党培育了共产主义接班人。

1. 延伸活动

创作绘画作品：

唱红歌、课本剧：

课外追踪：

重走红军桥，寻红色足迹：

2. 其他活动

学校"百年党史百人讲"活动在全县少先队辅导员培训会推介：

学校校长、少工委主任在全县少先队辅导员培训会上开展讲座：

组织开展"我与国旗"合影活动：

组织开展"唱响国歌唱亮队歌"活动：

参加市少先队辅导员技能大赛（荣获市二等奖）：

组织开展"大队委竞选"演讲比赛：

组织鼓号队培训：

组织少先队员走进粟裕同志纪念馆开展红色研学：

学校少先队员参加的"童心向党 童心阅读"启动仪式上线会同时政：

组织少先队干部交流总结：

组织少先队员走进养老院献温暖：

组织少先队员参加县"六一"读书活动、学党史队日活动：

纪念中国人民抗日战争暨世界反法西斯战争胜利75周年：

"队前教育"队会：

植树节主题班会：

红领巾相约2035主题队课：

"红领巾播音"朗诵比赛：

广播站中午播音：

弯腰行动：

礼仪标兵岗：

放学路队监督服务：

"一元捐"公益资助贫困学生：

邀请湖南省抗疫先进个人、县人民医院重症科杨庆医生来学校讲述抗疫事迹：

线上参加9月30日天安门广场敬献花篮仪式：

组织三年级举办：

"朗读红色经典，传承民族精神"朗诵大赛：

红色的记忆，是永远的丰碑；铿锵的誓言，是心中的颂歌。为进一步推动青少年思想道德建设，3月24日中午，城北学校三年级组织在报告厅开展"朗读红色经典，传承民族精神"诗歌朗诵比赛。

组织少先队员看望抗美援朝老兵：

作品名称：《垃圾分一分·城市美十分》

作者： 于铂佼（11 岁）

作品简介： 我们的生活越来越美好，可是环境却越来越糟糕，城市垃圾随处可见。老师教导孩子们将垃圾分类，提高垃圾的资源价值和经济价值，力争物尽其用保护环境，"垃圾分一分·城市美十分"从我开始。

推荐单位： 会同县城北学校

作品名称：《垃圾分类，从我做起》

作者： 刘阳（12 岁）

作品简介： 我去逛街的小姐姐把喝完水的矿泉水扔进了可回收垃圾箱；去上班的叔叔把吃完的苹果扔进了厨余垃圾箱；后来小姐姐当天母亲，她看着儿子把废电池扔进了有害垃圾箱，心里很高兴；垃圾分类，从我做起一起构建美好温馨的家园。

推荐单位： 会同县城北学校

后 记

开拓创新，创和乐教育品牌

——会同县城北学校和乐教育特色工作

会同县城北学校自建校以后，经历了磨合、规范，2020年是走向发展的第三年，我校的目标是：开拓创新，创和乐教育品牌！一学年来，在县委、县政府、县教育局党委的关怀和指导下，学校班子、党支部围绕"和乐教育"，开拓创新，创建了"学思行"和乐党建模式、德育模式、课堂模式、家校合力模式。学校先后获评"全国校园排球特色学校""教育部主题教育读书活动先进集体""怀化市先进基层党组织""怀化市劳模示范创新工作室""怀化市关心下一代先进集体""怀化市巾帼建功先进集体""怀化市文明校园""师德养成示范校"等。参加各类竞赛成绩斐然：省备课比赛荣获一个一等奖、两个二等奖、一个三等奖，市语文、数学教学比赛均获一等奖，两位教师荣获县、市教学能手，市诵读经典竞赛荣获一等奖，市足球联赛荣获二等奖，县建制班合唱比赛荣获一等奖，县中小学运动会获团体总分第一名等。怀化教育电视台、《今日女报》、《怀化日报》、《科教新报》、《中国火炬》杂志社等多家媒体对学校创建的模式及应用进行了专访。德育模式的文章发表在《教师》杂志，在省教育厅组织的师德汇报工作中，校长饶菊芳做了专题分享。

特色一：党建引航，引领学校发展

学校在创办、发展的进程中，以新思路、新机制、新手段谋划和推进学校党建工作，充分发挥党组织的战斗堡垒作用和党员的先锋模范作用，与学校中心工作有机融合，成就最好的教师和学生，成为一所老百姓家门口的好学校。

（1）理论上清醒，行动上坚定。一年来，学校以各种方法激发党员教师的教育情怀，以"创和乐教育品牌名校"的目标激励教师，以"和润有责，乐美有为"的教育思想引领学生。学校党支部坚持每月上党课至少一次，民主生活会一次，专题党史探讨会一次，以提高党员教师的理论水平。2020年9月，党支部组织观看红色电影《半条棉被》，重温艰苦长征岁月里的红色记忆；10月、11月，党员教师带头上示范课、研讨课；12月，党员教师走进孩子家庭，进行家访；1月，县委书记为学校师生上了一堂题为"当好社会主义建设的接班人"的思政课；2月举行了主题为"薪火相传学党史·童心向党跟党走"的开学典礼；3月，组织"百年党史知识挑战赛"，学史明理；4月，学校以党史学习教育为依托，积极开展"清明祭奠英烈，传承红色基因"等红色课程教育活动；5月，党员教师带头在"爱心协会"捐款9900元，看望贫困教师，资助贫困留守儿童，并与留守儿童集体过生日；5月14日，16位党员教师参加"师魂映党旗"师德师风演讲比赛，选出2名优胜者参加21日城北学校承担的县教育局"师魂映党旗"师德师风演讲比赛；6月，党支部以"学党史，办实事"为主题，组织43名党员教师带领少先队员代表进行义务劳动，清除杂草……党员教师引领全体师生理论清醒，行动坚定，坚定不移跟党走！

（2）模式上创新，根基上夯实。2020年，学校为构建完善特色党建工作体系，抓实抓好师生思政和意识形态工作，特构建"学思行"和乐党建模式，深化三类培养模式：将教师培养成"四有"好老师，将学生培养成"和润有责、乐美有为"的社会主义建设者和接班人，将家长培养成懂教育、重教育的优秀家长。另外，学校党支部开辟新路径，以"党建+"为特色，学校关工委建设、德育、艺体等各项特色工作得到新发展，学校根基得以夯实。2021年，是中国共产党成立100周年，学校不仅圆满完成了"党建引领"的预期目标，还获评"怀化市先进基层党组织"。

特色二：德育为先，树立文明校风

走自己的路，学校探索出"学思行"和乐德育模式，形成了积极向上的城北精神。

（1）创建德育模式，教师团结奋进。"学思行"和乐德育模式，即为学之德——以学树德。首先是主题文化学习。学校坚持每周一次的主题文化学习，有习近平总书记在全国教育大会的重要讲话学习，党的十八大、党的十九大重要精神学习，"不忘初心、牢记使命"主题教育学习等，以提高教师们的思想觉悟。其次是传统文化学习和制度文化学习。每学期初，学校德育处组织全体教师学习多项法律法规，并签订责任状，以提高教师的法律法规意识。从思之德——促思养德。学校德育处、教导处、办公室等多个部门合力带领全体教师抓常规夯实基础，树典型示范引领，勤反思修己修身。学校教师备反思本，时刻反思自己的言行。最后，经常以党小组、年级组、教研组为单位召开自我剖析会、民主生活会等，以提高教师的师德、教学等各方面的素养。立行之德——践行立德。学校班子、党支部带领全体教师践行"学思行"德育模式后，教师团结奋进，各项工作顺利开展。2020年，学校获评县"师德养成示范校"，德育模式论文发表于《教师》杂志。2021年元月，在省教育厅组织的师德师风建设座谈会中，党支部书记饶菊芳代表怀化市教育战线做了"修身修己以育人，和乐德育铸师魂"的专题分享。

（2）打造德育课程，学生习惯养成。学校的德育宗旨是：将德育纳入课程，通过活动，形成完整的德育体系。经过三年的探索，学校办公室、德育处和少先队大队部合力开发学校德育课程。每月一主题，内容分别为元旦节、爱校节、互助节、阅读节、感恩节、儿童节、爱党节、建军节、礼仪节、体育节、艺术节、科技节。依托德育课程，学校举行了系列主题活动：2020年10月，学校开展"与国旗合影，为祖国歌唱"主题系列活动；12月，举行第三届科技节，共收获优秀作品科幻画140幅，小制作18件；2021年2月，举行"薪火相传学党史·童心向党跟党走"为主题的开学典礼；3月，开展"守护好一江碧水，共同保护母亲河""我为学校添绿色""我是小雷锋"等系列学雷锋互助活动；4月，开展以"清明祭奠英烈，传承红色基因"为主题的为粟裕大将扫墓、参观粟裕同志纪念馆等红色课程活动；开启校园艺术节，课本剧比赛、三独比赛在我校隆重举行；5月，阅读启动，感恩母亲、学校、家乡、祖国系列活动，县防空防灾"5·12"疏散演练在我校进行，学校师生真正做到快、静、齐，5月24日，举行了"稻花香里忆起您——袁隆平"主题升旗仪式；6月，庆祝"六一"儿童节和"百年党史百人讲"等系列活动等。德育课程的打造，促使学校学生良好习惯的养成。因此，学校获评"怀化市文明校园"。

特色三：多彩课堂，提高教育质量

课堂是教育理念践行的最重要场所，是实施素质教育的主阵地，如何提高课堂教学的有效性？学校的做法是创新课堂教学模式，构建深度教研模式，搭建校际交流平台。

（1）创新课堂教学模式，效果显著。学校办的是"和乐教育"，培养的是"和正亲师·乐学雅行"的乐学学子。因此，让课堂40分钟有限的教学时间焕发出无限的活力，使学生真正地成为学习的主人，提高课堂教学的有效性，让学生全面发展是学校每位教师的追求。为了达成这一目标，我们打造了一种具有学校特色的课堂教学模式：和融课堂"学思行"教学模式。此课堂模式，我们不仅用于平时的教学中，还在教师教学竞赛中得以凸显：在会同县小学语文阅读教学比武中，学校龙嗣琼和梁元两位教师获县"小学语文阅读教学"比武一等奖，梁元代表会同县赴市参赛再获一等奖。杨明珍老师的数学录像课《水费分段计费》获市一等奖，谭春燕老师的科学说课获县第一名、市一等奖等。参加其他竞赛也是成绩突出：2020年9月参加县、市制卷竞赛成绩揭晓，数学、英语获市、县一等奖；语文、科学获县一等奖，市二等奖；道德与法治获县一等奖。12月，湖南省中小学在线集体备课大赛中，学校取得了小学数学一等奖、小学英语二等奖、小学美术二等奖、小学科学三等奖的好成绩。2021年4月，陈桂林老师、张慧晴老师带队参加怀化市机器人比赛，学校的无人机编程获全市第一名，机器人启蒙大赛获全市第四名。5月，杨浏成老师参加县德师风演讲赛获一等奖，杨明珍老师代表会同县参加怀化市师德师风演讲赛获一等奖。

（2）构建深度教研模式，专业提升。教育质量是学校的生命线，学校为锤炼教师的课堂教学能力，扎扎实实搞教研，采用"一三二"深度三级教研模式。每天至少一次办公室教研，对当天的教学难点进行研讨。每周三次教研，一次以各年级教研组为单位的集中研讨，两次利用晚上以学科为单位的微信沙龙研讨。另外，2020年10月13日，开启"双师制"的结构模式，启动"以老带新、以新促老、共同提高"的"青蓝红师徒结对"工程，教研由面到点，真正落实了常态化教研，进入了时时教研的模式。2020年12月，受县进修学校委托，学校承担了全县教导主任、分管教学副校长、近5年的新进教师300多人的培训，分语、数学科示范展示了如何创新性地围绕主题进行校本研讨的流程。2021年4月1日，洪江市黔城镇中心小学与会同县沙溪小学共35名教师，来到学校进行"三校"教学研讨交流活动。本次活动还邀请了县教育局教研室、督导室的领导参加。语文和融课堂张雪梅老师执教古诗《从军行》，李兰芝老师融入音乐、唐丽丽老师融入书法、杨浏成老师联系实际进行爱国教育；数学和融课堂龙佩莹老师展示《认识人民币》。4月，学校承担在县教育局教研室指导下的全县300余名教师第二期大型主题教研活动，陈桂林、龙佩莹、粟蓉和怀铁一小蒋老师等专家团队同堂竞技，李重莹老师进行了讲座。每学期两次大型教研进一步强化了全体教师的质量意识，促使大家在教学中反思、在反思中改进，获得了丰硕的教研成果。

（3）搭建校际交流平台，共同提高。为增进学校间的交流与合作，以达到共同提高的目的，学校多次搭建校际交流平台。2020年11月12日，特邀怀化市教科院数学教研员李重莹老师、县数学教研员邓亮巡老师走进校园进行现场课例指导及讲座。11月27日，成功举办"和乐教育搭平台，聚焦课堂提素养"为主题的教学开放日活动，省、市、县教师齐聚学校，观摩、学习、研讨"和乐教育"。教育学博士、现代文学博士后、湖南师大文学院周敏教授，长沙市教育科学研究院科学教研员、"长沙市洪霞科学工作室"洪霞老师，怀化市宏宇小学"宏宇英语工作室"杨秋华老师为全县教师上示范课，做讲座，他们将学校乃至全县的培训"请进来"推向了高潮。12月19日，学校全体数学教师赴怀化市郡永实验学校参加"湖南卓越教师领航研修小学数学教学工作室专题研讨活动"。对教师开展培训的同时，学校十分乐于与其他校区进行交流活动，一年来，学校共开展三次"送教下乡"活动，分别是2020年12月送教王家坪，梁元、杨明珍老师上了示范课，伍霞、饶菊芳老师做了微讲座；2021年4月30日，送教沙溪，石金花老师上了示范课，谢非、粟春红老师进行了精彩评课，伍霞老师做了关于"语文复习"的讲座，下午，饶菊芳、梁菲、林艳艳、石金梅、张丽整个团队做了"做最好的自己"的讲座；6月9日，送教金子岩，石金花老师上了示范课，伍霞、龙玉、梁友凤、谭春燕老师就语数英科四门学科如何复习做了讲座，两位校长做交流总结。另外，学校重视每一位实习生、见习生的培训工作，12位到学校见习、实习的老师，我们都尽可能给予指导，设立专门的指导老师，团队指导他们上公开课，团队打造他们的精品课堂等，为他们尽快成为一名合格教师打下良好的基础。

特色四：家校共育，创新驱动发展

学校为"全国家庭教育实践基地"，为了巩固这一成果，学校进一步将指导家庭教育细化为指导隔代教育，打造出"学思行"和乐家校模式，即

"共学、齐思、力行"，分别是四措并举，着力提高素质：定期全员培训，线上线下交流，网上平台互动，开设专栏分享；建立"三卡"，即家校联系卡、家访登记卡、留守档案卡，形成长效机制；五进活动，共创互动平台：家长义工进学校，家长进课堂，家长进校运会，妈妈进学校食堂，家长爱心进校园。2021年的4月26日上午，省、市关工委一行调研了学校的指导隔代教育情况；下午的座谈会上，饶菊芳老师做了《创建隔代教育模式，家校共育时代新人》的专题汇报，大家对学校的"学思行"和乐家校模式给予了赞赏，声称"此项举措应该全省推广"！同时，学校的"关爱留守儿童，指导隔代教育"课题已成功申报为湖南省教育科学"十四五"规划一般资助课题。5月13日，"微言怀化教育"推出了《身边的好学校——会同县城北学校：家校心连心，教育手牵手》。

历史长河奔腾不息，时代潮流不可阻挡，奋斗让时间充满意义。在往后的时光中，我们将一往无前开拓创新，将"和乐教育"这一品牌做得更响、更强。